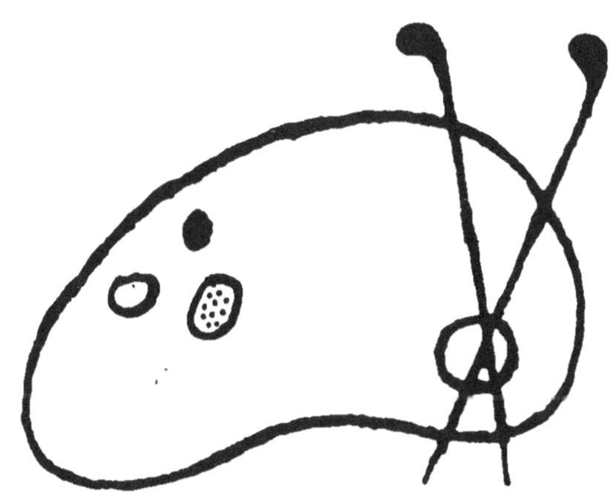

Début d'une série de documents
en couleur

DES MOYENS

D'ÉTENDRE

L'ENSEIGNEMENT PRIMAIRE

PAR

FRANS WILLEMS.

TRADUIT DU NÉERLANDAIS

ANVERS,
IMPRIMERIE J.-E. BUSCHMANN, RUE DES ISRAELITES.
1865.

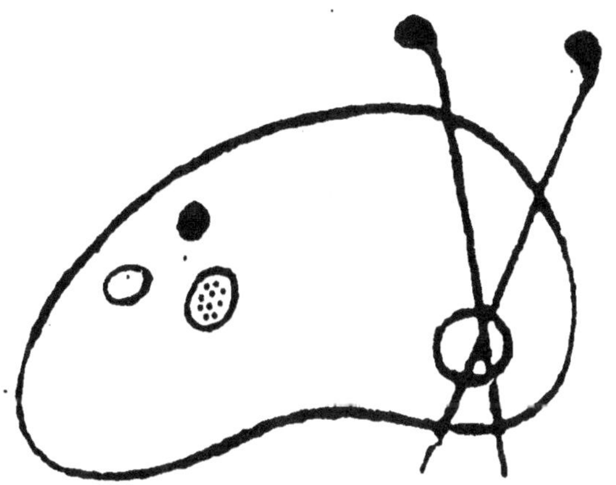

Fin d'une série de documents
en couleur

DES MOYENS

D'ÉTENDRE L'ENSEIGNEMENT PRIMAIRE.

DES MOYENS

D'ÉTENDRE

L'ENSEIGNEMENT PRIMAIRE

PAR

FRANS WILLEMS.

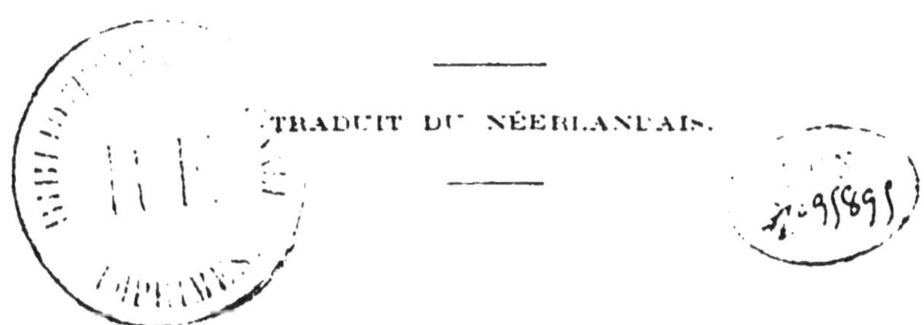

TRADUIT DU NÉERLANDAIS.

ANVERS,

IMPRIMERIE J.-E. BUSCHMANN, RUE DES ISRAÉLITES.

1865.

DES MOYENS D'ÉTENDRE

L'ENSEIGNEMENT PRIMAIRE.

TRADUIT DU NÉERLANDAIS (¹).

L'INSTRUCTION OBLIGATOIRE.

L'instruction éveille chaque jour davantage l'attention de tous ceux qui travaillent sincèrement au progrès et à l'amélioration de la vie commune. C'est une de ces questions d'économie sociale dont tout bon citoyen s'occupe.

Il est en effet de l'intérêt de chacun que ses enfants reçoivent la meilleure instruction et la meilleure éducation possibles ; on remarque aisément que celui qui a quelque instruction réussit mieux dans ses affaires qu'un autre qui ne possède aucun savoir, et qui, par là, n'est pas même capable d'une profession intelligente.

L'homme dénué d'instruction ne peut se livrer qu'à un travail mécanique : lever et porter, pousser, tirer ou frapper, en quoi les animaux ou la vapeur peuvent le remplacer. Aussi, bien des gens voient avec peine les applications de la vapeur et des machines s'étendre, craignant que ces *machines infernales*, comme l'ignorant les nomme encore de nos jours, ne leur enlèvent bientôt le travail. Peut-être en viendra-t-on un jour au point que les hommes ne s'occuperont plus que d'une besogne intelligente, tandis que la vapeur s'acquittera du reste.

(¹) Cette brochure a été écrite avant le 1ᵉʳ janvier 1865, donc avant l'apparition de l'*Ecole*, par M. JULES SIMON.

C'est avec espoir que nous envisageons cet avenir, parce que nous sommes sûrs que l'homme bien développé n'en souffrira jamais.

C'est seulement alors que l'homme se montrerait dans toute sa dignité, et que son travail serait en harmonie avec sa nature élevée et ses hautes destinées. N'est-ce point l'intelligence, son esprit raisonnable, qui le rend vraiment *homme*, qui le distingue de la brute, avec laquelle il a tant de ressemblance extérieure.

Ces considérations et beaucoup d'autres de ce genre firent rechercher depuis longtemps les moyens de développer les facultés intellectuelles de l'homme. Le moyen principal est sans doute l'instruction.

Bien des amis du peuple se sont dit : il est à regretter que tant d'hommes en restent, pour ainsi dire, totalement privés ! Ne pourrait-on pas en faire jouir tout le monde ? Quels moyens faudrait-il employer ? rendre l'instruction obligatoire. — Oui, mais....

Cette idée rencontra bientôt de grandes difficultés. Ceux qui ont discuté cette importante question se sont divisés en deux camps : en amis de la plus grande civilisation et en amis de la plus entière liberté, s'il nous est permis de les nommer ainsi. Des deux côtés de puissantes raisons furent alléguées à l'appui des opinions. Ce sont ces raisons que nous nous proposons de développer ici ; toutefois nous tâcherons d'indiquer en même temps quelques moyens qui satisferont peut-être les deux partis, et qui pourraient atteindre le but que tous désirent : la plus grande extension possible de l'enseignement.

D'abord, tout le monde reconnaît la nécessité de cette extension.

De grandes améliorations, pourtant, ont été introduites dans l'enseignement pendant le demi-siècle qui vient de s'écouler ; de grands progrès ont été faits surtout, quant à l'enseignement primaire, depuis l'établissement de la loi du 23 septembre 1842. Aujourd'hui chaque commune a son école ; tout homme a, sans doute, l'occasion de pouvoir s'instruire. On est heureux en comparant l'état actuel de nos écoles avec celui de la plupart des écoles d'il y a vingt-cinq ou trente ans. Alors, d'après le témoignage de personnes dignes de foi, l'enseignement dans beaucoup de villages était dans les conditions les plus misérables.

Le roi Guillaume I⁣ʳ avait déjà éprouvé le besoin d'intervenir dans l'enseignement populaire. Il institua des écoles, spécialement destinées à la formation de jeunes instituteurs, écoles que la législation belge a rétablies en 1842. Grâces en soient rendues à notre législation, car c'est bien aux écoles normales, que la plupart des instituteurs doivent de ne plus tâtonner en aveugles, mais de s'avancer d'un pas sûr ; de ne plus, comme auparavant, ne parvenir qu'à apprendre aux enfants à *lire et à écrire tant bien que mal et par exception à calculer*, et cela au bout de *six ou sept ans de grands efforts*, mais de pouvoir maintenant *développer l'intelligence et le moral*, en un mot, de donner *l'instruction et l'éducation*.

Le progrès opéré est donc grand : les écoles se sont multipliées, le nombre des instituteurs s'est accru en proportion, les instituteurs sont devenus éducateurs.

Et pourtant on n'est pas content du résultat obtenu. Malgré le grand nombre des écoles, on peut remarquer que près de la moitié de la population est encore dépourvue de toute instruction. Nous pourrions en tirer la preuve des états d'inscription des miliciens ; personne, d'ailleurs, n'en conteste la vérité. Dans le cours de cet écrit nous espérons pouvoir démontrer, en grande partie, les causes d'un résultat aussi peu favorable : quand la cause d'un mal est connue, le remède se trouve avec moins de peine.

Tous ceux qui pensent bien et qui aiment vraiment l'humanité déplorent profondément cette ignorance du peuple. Le fabricant ou l'industriel se trouve souvent dans le cas de ne pouvoir faire saisir clairement sa pensée à ses ouvriers, par suite de leur peu de développement intellectuel ; le maître-artisan a plus souvent encore à s'en plaindre. L'artiste (peintre, sculpteur ou graveur) regrette que son œuvre ne soit point comprise de la foule, et que tant de gens ne puissent pas participer aux nobles idées qui l'ont animé en la créant. Les littérateurs se plaignent de ce que leurs ouvrages, dont ils attendaient tant, mais dont ils sont bien souvent seuls à apprécier la vraie valeur, restent lettres mortes pour le plus grand nombre ; ils regrettent que tant d'écrits, qui pourraient ennoblir l'esprit humain, améliorer le sort de chacun en particulier et partant de la société, adoucir et embellir la vie de tous, sont stériles pour la plupart des hommes, — pour quelques-uns parce qu'ils ne savent pas lire du tout, pour d'autres parce que leur esprit n'est pas suffisamment développé pour pouvoir saisir convenablement le sens et le but de ces productions littéraires, scientifiques et morales. Enfin l'homme d'état se plaint de ce que ses intentions sont souvent mal interprétées et entravées par la multitude, de ce que chaque citoyen n'est pas capable de connaître et d'apprécier ses droits et les devoirs qu'il a à remplir comme membre d'un état libre et bien organisé. En un mot tous ceux qui se trouvent en contact avec beaucoup de monde, et qui ont bonne intelligence et bon cœur, souhaitent vivement de pouvoir répandre plus de lumières parmi le peuple. Ce doit être là surtout le principal souci de tous ceux qui travaillent au bonheur de l'homme, tant sous le rapport de l'âme que sous celui du corps. En effet ne dit-on pas tous les jours et avec raison : *L'ignorance est la mère des vices !* — Et les vices engendrent le malheur.

Dans des siècles passés que de crimes commis, qui n'avaient d'autre cause que l'ignorance ! Et maintenant encore je me plais à attribuer la majeure partie du mal à la même cause. Peut-être mon cœur trompe-t-il ma raison. Mais pourtant je les plains, ceux qui, par manque d'éducation, ne connaissent et ne prisent que des jouissances brutales ; je les plains, ceux qui, par défaut de développement intellectuel, ne comprennent pas que le vrai bonheur ne se trouve ni dans les richesses matérielles , ni dans les beaux habillements , ni dans ce qu'on appelle gratuitement honneur, ni dans la considération des autres , et qui, tristes myopes, poursuivent par tous les moyens, même par l'injustice, ces ombres de biens, et partant, ne s'attirent pas rarement des déceptions et des malheurs ; je plains ceux qui ne sentent point que le vrai bonheur est dans l'homme lui-même, qu'il consiste en un esprit noble et dans un cœur sensible, dans l'amitié et la bonté envers tous, dans les nobles aspirations vers le vrai, le beau et le bon. Si tous les hommes pouvaient comprendre ces grandes vérités, que de passions viles et vicieuses ne seraient point extirpées !

L'éducation seule peut concourir efficacement à rapprocher l'homme du bonheur. N'est-il donc pas de notre devoir de donner, autant que possible, à tout homme une bonne éducation? — une éducation qui ne forme pas seulement le corps et l'intelligence, mais aussi le cœur et la volonté, et qui tâche de perfectionner l'homme sous tous les rapports.

De ce qui précède on comprendra sans peine que, pour l'instruction et l'éducation, l'on n'a pas encore fait tout ce qu'on peut, que la formation, tant morale qu'intellectuelle, de l'homme laisse encore beaucoup à désirer.

Quelles sont les causes de ce retard de la grande masse du peuple dans la voie du progrès? L'une des principales et des premières est certainement la négligence des parents. Bien peu de gens, en effet, se trouvent dans l'impossibilité de *pouvoir* envoyer leurs enfants à l'école. — Jetons un libre regard sur les classes inférieures du peuple dans lesquelles on rencontre le plus souvent cette négligence par rapport à l'éducation.

Dans la plupart des communes, sinon dans toutes, on donne l'instruction gratuite à tous les enfants dont les parents la demandent, quand ils y ont droit d'après les termes de la loi. Cependant certaines gens sont assez inintelligents pour ne pas comprendre que leurs enfants ont besoin d'une éducation convenable, et que, s'ils ne reçoivent pas d'instruction, ils ne sauraient être ni un ouvrier capable, ni une femme vraiment utile. Quelques parents même sont assez dépourvus de raison, pour croire qu'ils ont satisfait à tous leurs devoirs, lorsqu'ils ne laissent pas mourir leurs enfants de misère, tandis qu'ils les laissent courir la rue demi-nus ou vêtus de sales lambeaux. Pour ce qu'il en est de leur moralité ou de leur intelligence, ils ne s'en inquiètent point. N'ont-ils pas été élevés de même, eux ? Et cependant ils *vivent !* — Ils vivent, oui, et sont assez misérables et assez abjects pour ne comprendre ni leur misère, ni leur abjection. De pareilles gens sont sans doute à plaindre, et c'est avec bonheur que nous nous figurons que le nombre n'en est pas grand, grâces aux soins des administrations communales et des commités de bienfaisance, grâces aux personnes zélées qui exhortent ces parents, et s'efforcent de les amener aux sentiments de leurs devoirs par tous les moyens possibles.

Mais considérons les villes manufacturières, les fabriques et les ateliers de l'une ou de l'autre industrie. Ce n'est pas ici le *manque de soins* qui fait négliger l'instruction des enfants, mais bien l'*intérêt* des parents et des industriels, qui appellent au travail ces jeunes êtres encore presque sans force. Et dans quel but ? Afin d'obtenir une plus grande production, non pas au profit des parents qui voient très-souvent leurs enfants descendre prématurément dans la tombe ou languir d'une lente phthisie, mais au profit des gros fabricants qui réalisent ainsi le même bénéfice par la dépense d'un minime salaire qu'en payant des ouvriers formés. Quelques fabricants exploitent l'enfance pauvre d'une manière vraiment révoltante. Aussi n'est-ce pas sans raison qu'en Angleterre on a porté des lois sévères contre cet abus, et que dans plusieurs endroits de l'Allemagne l'emploi des enfants dans les fabriques et les ateliers a même été défendu. Dans notre pays aussi plus d'une protestation contre un tel usage s'est fait entendre.

Cependant ici encore une amélioration se fait sentir. Quelques dignes industriels ont pris ces pauvres petits êtres en pitié, et ils ont établi des écoles dans leurs fabriques mêmes, pour leur donner la nourriture intellectuelle en même temps qu'ils gagnent celle du corps. Ces industriels feraient certainement davantage, si la concurrence d'autres fabricants, qui ne partagent point leurs nobles idées et n'agissent point comme eux, ne leur rendait cette tâche impossible. Nous sommes certains qu'eux aussi verraient avec satisfaction une loi défendre dans notre pays, l'emploi dans les fabriques des enfants âgés de moins de dix ans, même de ceux au-dessus de cet âge, qui n'auraient reçu une instruction suffisante ; nous sommes convaincus encore qu'ils accueilleraient volontiers une loi obligeant tous les enfants à fréquenter l'école, parce que tant de pauvres petits seraient sauvés par là d'un esclavage qui brise leurs forces. C'est là aussi un but accessoire que les partisans de l'instruction obligatoire veulent atteindre. Peut-être, dans ce cas, suffirait-il de régler le travail pour parvenir à l'instruction.

Mais l'usage d'employer les jeunes enfants au travail règne aussi dans les communes rurales. Là on ne les entasse pas dans de grandes manufactures, dans des places mal aérées et souvent méphitiques ; ils y travaillent aux champs en plein air, ce qui est sans doute un grand avantage pour eux. Là du moins leur santé, leur force corporelle ne courent aucun danger, mais ils n'en restent pas moins privés de tout développement intellectuel et moral. Il suffit d'interroger quelques instituteurs ruraux pour savoir combien peu de fruits produisent leurs efforts. En hiver leurs écoles regorgent de monde, ils ont alors trop d'élèves pour pouvoir obtenir un bon résultat. Et quels élèves ? Plus de la moitié ne connaît ni ordre ni frein ; la plupart d'entre eux ont déjà atteint l'âge de dix, même de douze ans, et cependant ne seraient pas déplacés sur les bancs de la dernière classe. Mais à peine le printemps est-il revenu et le travail a-t-il repris, que presque tous quittent

l'école pour aller oublier aux champs le peu qu'on est parvenu
à leur inculquer, et pour revenir peut-être encore apprendre la
même chose l'hiver suivant. Nous le demandons, quel fruit peut
résulter d'un tel mode d'instruction ? Est-il étonnant, après cela,
que tant de miliciens des communes rurales ne savent ni lire ni
écrire ? Mais le moyen de changer cet état de choses ? On se dit
bientôt : il n'en est point d'autre que l'*instruction obligatoire*.
Vraiment, c'est une chose affligeante que de voir en été les écoles
de campagne presque entièrement délaissées, et de songer alors
qu'en hiver l'instituteur succombe à la fatigue sans toutefois
pouvoir nourrir le moindre espoir de succès, et qu'il demande
vainement un aide, parce que l'autorité communale lui répond, et
avec raison, qu'il n'a pour ainsi dire rien à faire pendant une moitié
de l'année. Alors on se dirait certes : il est bien temps qu'on rende
l'instruction obligatoire. Un tel état de choses ne peut durer plus
longtemps. Car, qu'on le remarque bien, ni commune ni bureau de
bienfaisance ne peuvent, en ce cas, exercer aucune influence. Ce ne
sont pas des pauvres dénués qui négligent ainsi l'instruction : ce
sont des enfants de paysans aisés, qu'un double calcul retient dans
l'ignorance. Les parents peuvent employer leurs enfants : leurs
occupations sont si nombreuses ; les garçons travaillent avec eux
aux champs ou gardent le bétail ; les filles soignent la maison et
préparent les repas. Ajoutez à cela que bien des gens ont la plus
grande répugnance de consacrer l'argent qu'ils ont gagné à la sueur
de leur front, à l'instruction de leurs enfants. N'ont-ils pas su, eux-
mêmes, s'en passer ? — Un paysan ne doit pas être instruit, il
n'a vraiment qu'à être étranger dans son propre pays, à se
laisser mener docilement à l'urne électorale, et à payer les impo-
sitions (à regret, il est vrai, car il ne sait guère à quoi elles
servent ; il ne le sait et ne veut pas le savoir) ; un paysan ne doit
pas être *homme*, qu'il soit et qu'il reste paysan toute sa vie. — Il
en sait bientôt assez pour labourer son champ. En effet, il n'a
qu'à suivre la vieille routine de ses pères ; peu lui importe de

savoir les améliorations que l'agriculture a subies, et vraiment il lui coûterait trop de peine d'apprendre comment il pourrait, avec moins de labeurs mais avec plus de raisonnement et avec de meilleurs instruments, doubler son gain. Il ne veut pas comprendre combien d'avantages il retirerait d'un peu d'instruction. — Que reste-t-il donc à faire avec de pareilles gens? Sinon que de les entraîner avec le courant du progrès, que de les forcer à faire instruire et élever convenablement leurs enfants, et de les mener, puisqu'ils veulent être menés, non pas seulement à l'élection, mais aussi à l'école.

Et une telle contrainte serait-elle bien aussi tyrannique qu'on le prétend parfois? Se base-t-elle donc si peu sur un fondement légal? — Oh non! car la saine raison nous démontre qu'une telle règle de conduite n'a en soi rien d'illégal, d'abusif ni d'injuste.

Les parents ne sont-ils pas obligés de nourrir leurs enfants? Ils doivent soigner pour leur entretien, et les élever, même dans leur propre intérêt, de telle façon qu'ils puissent trouver un honorable emploi dans la société. Eh bien, s'avisera-t-on de croire qu'il suffit pour atteindre ce but de nourrir le corps, de l'habiller, de le loger? Suffira-t-il d'apprendre seulement à l'enfant de se servir de tel ou tel instrument, tout en abandonnant le soin de développer son intelligence à la nature et aux événements de la vie? — Certes, non. Une telle éducation serait peut-être très-bonne pour des sauvages, mais elle est indigne de notre civilisation, et d'un siècle qui s'enorgueillit de tant de découvertes et qu'on se plaît souvent à nommer le *siècle de lumière*. L'homme a bien d'autres besoins que ceux du corps seulement; il est au-dessus de la brute à laquelle l'instinct suffit.

Mais à quoi bon parler plus longtemps de ce sujet? Personne ne le conteste: l'homme se compose d'un corps et d'une âme, de deux éléments, la matière et l'esprit; il a une intelligence et une volonté qui, toutes deux, doivent être nourries et fortifiées, qui doivent être dirigées vers le bien et vers la perfection, but éternel des aspirations de l'humanité. Un père ne satisfait donc pas à son devoir lorsqu'il néglige la principale partie de l'éducation de ses enfants, la formation de l'esprit et du cœur. Les enfants doivent être un jour des *hommes*. Et qu'est-ce qui nous rend vraiment *hommes*, sinon notre esprit raisonnable et une volonté forte et indépendante? Pourrait-on bien nommer *hommes*, dans la plénitude du sens attaché à ce mot, ceux-là qui n'agissent de telle ou telle manière que parce qu'un autre agit de même, qui ne disent que ce que les autres disent, qui ne sont jamais eux-mêmes, mais toujours des copies, des imitations de ceux avec lesquels ils sont en rapport?

Trop longtemps déjà l'esprit humain a gémi sous le joug de l'habitude et de l'imitation servile, il est plus que temps qu'il devienne libre et qu'il puisse, aux clartés de la raison lumineusement développée, se servir de sa libre volonté, le plus bel apanage qu'il a reçu du Créateur. Ce n'est pas au père seul à soigner pour cette renovation, *c'est notre devoir à tous*, car nous sommes tous frères et nous devons nous entr'aider sans cesse afin d'atteindre notre plus noble destinée sur terre, *la perfection humaine*. Mais c'est surtout le devoir de ceux qui sont doués de plus de lumières et qui ont en main le pouvoir et l'autorité, de concourir puissamment à la prospérité de leurs concitoyens.

Les enfants ont *droit* à une bonne éducation. Ils n'ont point demandé la vie; ils viennent au monde sans forces, sans connaissances, sans conscience de leur être; pourtant ils peuvent devenir *hommes*, ils sont destinés à l'être, et ils ont *droit*, d'après la loi de la nature, à tout ce qui leur est nécessaire pour atteindre ce but. Tel est l'éternel décret de la Providence : nul de nous n'est de lui-même devenu ce qu'il est; nous devons presque tout à ceux qui nous ont élevés. A notre tour, nous devons soigner pour les générations qui nous suivent, puisque celles qui nous précèdent ont soigné pour nous.

L'éducation est un des liens les plus puissants de la vie commune; par elle naissent les services mutuels, les relations intimes, l'amitié et l'amour. Nul ne se suffit à lui-même sur la terre ; il est du devoir de chacun d'aider son prochain dans le besoin ; le malheureux a droit au secours de ses frères.

On a déjà parlé beaucoup des droits des femmes ; plus d'un s'est posé leur défenseur, et a demandé pour elles les droits qu'on reconnaît aux hommes. Des sociétés pour la protection des animaux se sont formées. Tout cœur bien né s'indigne à la vue d'un animal qu'on maltraite. N'embrasserait-on donc pas le parti de ces faibles et innocents enfants qui ont une destinée si grande, dont l'éducation peut retirer tant de bien, et qui par le manque d'éducation ou par une éducation mauvaise peuvent être plongés si avant dans le mal ? N'embrasserait-on pas le parti de ces petits êtres, incapables de faire valoir leurs droits et si complétement dépendants de la volonté des autres, de leur éducation et, par conséquent, de la société ? Encore une fois, ils ont *droit* à une bonne éducation, et l'*État* doit faire valoir ce droit pour eux ; car sans cela ils ne seront jamais tenus à être reconnaissants envers leurs parents ni envers la société. Que cette éducation leur soit refusée, et rien ne les rattache à la patrie, rien qui puisse leur imposer un devoir en retour d'un service rendu ; au contraire ils ont assez de raisons pour se plaindre et pour resaisir plus tard avec violence leurs droits méconnus. On voit donc que le manque d'éducation ou une mauvaise éducation délient tous les liens, menacent la société de dissolution et l'exposent à de nombreuses calamités.

Donc, puissants et riches de ce monde, si vous voulez conserver la jouissance paisible de vos biens, garder un État tranquille et une heureuse liberté, soignez pour l'éducation de vos inférieurs. Rendez-vous dignes de leur reconnaissance et de leur amour, obligez-les par vos services rendus à rester dans l'ordre, de crainte que si vous n'agissiez ainsi, le peuple oppressé ne brise un jour violemment ses liens et absorbe vos trésors et vos grandeurs.

Mais non, ces suppositions malheureuses ne se réaliseront pas ;

le vrai **Belge** comprend son devoir. Il défendra le droit que, dans leur faiblesse, les enfants ne connaissent pas et ne peuvent pas faire valoir. Il soignera pour la bonne éducation de la génération nouvelle, afin que non seulement les classes élevées de notre peuple, mais aussi les classes inférieures soient reconnues par tous comme sages et intelligentes. C'est d'ailleurs le devoir d'un bon gouvernement. Il doit soigner pour le bien-être des citoyens. Il punit le malfaiteur parce qu'il porte préjudice à autrui. Aussi, il punit ceux qui maltraitent un enfant : un père, par exemple, ne peut blesser son enfant ni le laisser mourir de faim. Mais pourrait-il le laisser mourir moralement? Pourrait-il priver son âme, la partie la plus élevée de son être, de la nourriture nécessaire au développement de ses facultés? Pourrait-il faire languir cette âme jusqu'à la mort? Il nous semble que la société a plus de droits de punir ce dernier méfait qu'une privation imposée au corps. Les deux parties de l'homme lui sont indispensables, car il a une double vie; toutefois, si la vie de son âme n'est point sereine, celle du corps ne lui sera le plus souvent qu'une source de calamités et de misères. Que la législation prenne donc des mesures pour obliger chaque père à remplir pleinement son devoir; qu'elle punisse l'attentat aux droits des enfants, de quelque nature qu'il soit.

Plusieurs États ont compris, comme nous l'entendons, le devoir des pères et le leur propre; aussi n'ont-ils pas hésité à le remplir : ils ont adopté l'instruction obligatoire.

La Prusse l'a inscrite dans sa constitution. L'absence d'un élève, quand elle n'est pas suffisamment motivée, y est punie d'une amende de fr. 0,15ᶜ à fr. 3.75ᶜ, et en cas de récidive, d'une courte réclusion ou de quelque travail forcé. Outre les écoles ordinaires, il y a des écoles du dimanche et du soir, que les jeunes gens de plus de 14 ans sont obligés de fréquenter jusqu'à un âge déterminé.

Dans le duché de Bade tous les enfants de 6 à 14 ans doivent aller à l'école. Pour la première fois, l'absence y est punie d'une amende de **2** à **12** kreutzers (fr. 0,07ᶜ à fr. 0,42ᶜˢ), et pour la seconde d'un emprisonnement de vingt-quatre heures.

En Saxe aussi l'instruction est obligatoire. Les absences illégales y sont également punies d'une amende ou d'une courte réclusion.

En Silésie les enfants doivent jouir de l'instruction de 5 à 14 ans. Tout propriétaire, négociant ou industriel qui prend des enfants de cet âge à son service, est tenu de les envoyer chaque jour en classe, sous peine d'une amende de **18** francs.

En Hanovre comme aussi dans le duché de Weimar l'instruction est obligatoire depuis l'âge de 7 ans.

En Bavière les enfants ne peuvent pas quitter l'école avant leur douzième année.

En Autriche ils doivent fréquenter les écoles primaires de 6 à 12 ans et les classes de répétition jusqu'à 15 ans.

Dans le Wurtenberg l'obligation commence à 6 ans et finit à 14. L'école de répétition y est obligatoire jusqu'à l'âge de 18 ans.

En Suisse l'enseignement est obligatoire dans tous les cantons, à l'exception de celui de Genève où l'instruction est facultative, mais où, en revanche, elle est *gratuite pour tous les enfants*.

En Norwège la fréquentation obligatoire des écoles primaires est imposée par une loi générale. C'est à peine, si sur 1000 paysans il s'en rencontre un qui ne sache ni lire ni écrire.

Le même principe est admis en Suède. L'obligation y est confirmée par la loi.

Ne pourrions-nous pas, à l'exemple de tous ces états, qui ne sont guère habitués à nous devancer, nous résoudre à rendre l'instruction obligatoire ?

Lycurgue lui-même, qui vivait environ 900 ans avant J.-C. avait par ses fameuses lois rendu l'instruction obligatoire pour tous les enfants de la bourgeoisie ; il les faisait instruire en commun aux frais de l'état. Cette idée était certainement bonne, quoique l'esprit de ses lois ne soit pas applicable à un siècle de liberté. Mais quand un tel homme a compris de quel grand intérêt l'instruction était pour le bonheur de l'État, et qu'il a pris de puis-

santes mesures pour atteindre son but, pourquoi ne ferions-
nous pas, 2700 ans après lui, éclairés que nous sommes par tant
d'inventions et de découvertes et fortifiés par tous les exemples
des siècles passés, pourquoi ne ferions-nous pas aussi quelques
efforts pour régler, le plus tôt possible, cette question importante,
afin que chaque habitant de notre pays soit digne de ce nom de
Belge, dont nous sommes fiers à juste titre ?

Toutefois, avant de prendre une ferme résolution, examinons
aussi le revers de la médaille, considérons sous toutes ses faces
cette question importante ; examinons et pesons tout les moyens
dont d'autres pays se sont servis pour l'extension de l'enseignement primaire. Nous pourrons ainsi, en pleine connaissance de
cause, juger de l'objet qui nous occupe, et arrêter les mesures
qui semblent les plus efficaces et s'accordent le mieux avec nos
libertés et notre législation.

Quelques personnes prétendent que l'instruction obligatoire viole
la liberté des parents, qui sont, avant tout, les précepteurs na-
turels des enfants. — Ne leur enlevez pas ce droit, disent-elles,
ne les forcez pas à éloigner leurs enfants du foyer de la maison.
Mainte famille est un meilleur lieu d'éducation que les établissements publics ; et il ne règne déjà malheureusement parmi nous
que trop peu d'amour pour la vie de famille. N'augmenterez-vous
point cette indifférence ou ce dégoût en donnant plus d'extension à
l'éducation publique? Laissez à chaque père la liberté pour l'exercice
de ses droits et l'accomplissement de ses devoirs. Qu'il élève son
enfant comme il le préfère ; la nature ne lui en a-t-elle pas donné
le droit ? —

Certes, nous reconnaissons aux parents le droit sacré d'élever
leurs enfants, mais voyons comment ils en usent. Beaucoup de
parents, surtout dans les classes qui négligent le plus l'instruction,
n'ont pas le temps de s'occuper de l'éducation de leurs enfants,
et bien loin de n'éloigner ceux-ci qu'à regret de la maison, un
grand nombre d'entre eux les envoient à l'école, non pas tant

pour les y faire instruire et bien élever, que pour en être délivrés pendant une partie de la journée. Mais en supposant que les parents aient le temps de soigner cette éducation, en seraient-ils bien capables? Beaucoup d'entre eux ne devraient-ils pas être contents de se voir débarrassés de cette tâche difficile, et de pouvoir confier leurs enfants à un instituteur ou à une institutrice capables, qui, en *leur* place, les rendront aptes à la position qu'ils doivent occuper dans le monde?

Pour ce qu'il en est de ceux qui veulent faire instruire leurs enfants à la maison, la loi sur l'instruction obligatoire ne s'y oppose nullement. Le père est libre d'élever son enfant où il le veut; il peut l'instruire lui-même s'il le trouve bon; seulement il devra prouver, lorsque l'enfant aura atteint un certain âge, qu'il reçoive réellement de l'instruction.

L'instruction obligatoire ne pèche donc pas non plus contre l'enseignement libre, garanti par notre *Constitution*. Chacun pourra ouvrir des écoles, autant qu'il lui plaira, — non pas qu'il nous paraisse juste et rationnel de permettre ainsi au premier venu de se mêler d'éducation, sans avoir donné des preuves de capacité, et de vouloir former un enfant, tandis que très-souvent on ne fait que le déformer; mais à chacun la responsabilité de ses actes. Quand les enfants seront tenus de montrer à un âge déterminé ce qu'ils ont appris, les parents y regarderont peut-être deux fois avant de les confier à des personnes inhabiles. Que l'instruction reste donc libre; la concurrence entre les écoles privées et publiques ne produira jamais que du bien. Cependant que la liberté de l'enseignement ne soit pas la liberté de rester ignorant!

Si l'on exige seulement que l'enfant reçoive une éducation convenable, n'importe dans quelle école; si l'on veut seulement qu'à un moment fixé d'avance, il possède les éléments des connaissances humaines, qu'il sache lire, écrire et calculer, est-ce là violer la liberté du père, la renfermer dans des limites trop étroites? Ou devrait-il donc être permis aux parents de laisser croupir leurs enfants dans l'ignorance? Devraient-ils avoir le droit de leur refuser la nourriture intellectuelle, tandis que la loi les *oblige* de leur donner celle du corps et de les héberger? Cette dernière loi ne viole-t-elle pas non plus leur liberté? Devraient-ils donc, comme chez certains peuples de l'antiquité, avoir droit de vie et de mort sur leur progéniture? Non, l'enfant aussi a ses droits et ceux-ci limitent la liberté des parents. Il est destiné à être un jour un membre utile de la société, et celle-ci peut prendre soin de ce qu'il reçoive tout ce qui est nécessaire à le rendre tel; la société peut exiger qu'il grandisse, non pas pour devenir une charge importune ou un être pernicieux, mais un homme capable de travailler de toutes ses forces corporelles et intellectuelles à son propre bonheur et au bonheur de ses semblables.

Nous ne discuterons pas les droits du père ni ceux de la société. Mais on n'est pas père pour étouffer ses enfants ou les priver du bonheur de la vie. La paternité impose au contraire le saint devoir de soigner pour leur bien-être. La voix de la nature le proclame bien haut dans le cœur des parents. Est-ce obéir à cette voix, s'acquitter de ce devoir que de laisser croître les enfants sans alimenter leur intelligence, au milieu d'une société où l'instruction, ou tout au moins un certain degré de développement intellectuel, est nécessaire à toutes les classes? Que dira un enfant qui se trouve ignorant et brut dans le monde, lorsqu'il connaîtra tous les avantages dont une négligence coupable de ses parents l'a privé? Pourra-t-il jamais éprouver quelque reconnaissance, quand il saura que tant de bonheur lui fut refusé? Les droits et les devoirs sont réciproques. Les devoirs des enfants se basent sur ceux des parents; c'est pourquoi ces derniers, s'ils veulent que leurs enfants soient reconnaissants, doivent accorder à ceux-ci ce que la loi de la nature et l'état de la société exigent. Ils doivent les rendre capables de se frayer dans le monde une route honorable sous tous les rapports : ce n'est qu'alors qu'ils auront le droit d'exiger que les enfants à leur tour les aident et les rendent heureux dans leur vieillesse.

Il règne, dit-on, trop peu d'esprit de famille parmi le peuple, et l'on se demande si l'instruction publique n'agraverait pas ce mal. — Nous demandons, nous, si ce défaut se fait observer le plus parmi les classes bien éduquées. Qu'on nous permette d'en douter. Là, où les enfants ont été bien élevés, l'amour et la concorde règnent entre les frères et les sœurs; là il est agréable de s'asseoir au foyer paternel; là chacun trouve du contentement et des distractions joyeuses après le pénible travail. Et puis, que de jouissances innocentes ne procure pas à la famille la lecture de beaux et bons livres ! Qu'on fortifie donc le goût pour la lecture dans les classes inférieures du peuple; qu'on leur apprenne par l'éducation et l'instruction à chérir le foyer commun; qu'on leur montre que de moments d'ineffable bonheur on peut passer là, tandis que d'autres, frivoles et imprudents, dépensent ailleurs une grande partie de leur avoir en débauches et en vices honteux, précisément parce qu'ils sont ignorants, parce qu'ils ne connaissent que des plaisirs sensuels et que leur âme avilie est incapable de ressentir une noble impression ou d'apprécier les douces jouissances de l'amitié et de l'amour.

Peut-être l'esprit de famille est-il, jusqu'à un certain point, détruit dans les classes supérieures par l'éducation donnée dans les grands établissements; mais encore cela est-il parce que les enfants sont instruits et éduqués ? Non, mais bien parce qu'ils sont *mal* éduqués, *mal* instruits. Cela prouve seulement que l'éducation qu'on donne dans beaucoup d'établissements suit une mauvaise voie, mais nullement que l'éducation publique, en elle-même, est mauvaise. Cependant nous préférerons toujours *l'externat* à *l'internat*, parce que dans le premier, la vie de famille se mêle à la vie publique et que les enfants y apprennent, dès leur premier âge, à connaître et à aimer les plaisirs domestiques aussi bien que le commerce avec le monde. Que les parents et les instituteurs travaillent toujours ensemble; que l'école soit le petit cercle civil, la maison le cercle chéri de la famille.

Mais cette digression n'est déjà que trop longue. Revenons à notre sujet et disons un mot de la liberté de l'enfant, car celle-là aussi, on l'invoque parfois pour combattre l'instruction obligatoire. On dira peut-être qu'on blesse la liberté de ce jeune citoyen de sept ans ou d'un peu davantage en le forçant à s'instruire.

C'est une belle liberté, vraiment, aussi belle que celle d'un nouveau-né qui, abandonné à lui-même, ne saurait vivre trois jours ! Et que deviendrait-il de l'enfant de sept ans, si, dans son ignorance, avec une âme qui possède à peine un peu de volonté, on l'abandonnait à ses propres caprices? Liez au fort les bras et les jambes et dites-lui ensuite : —Faites ce que vous voulez, allez où bon vous semble ; vous êtes libre. — Ne serait-ce pas là une cruelle ironie? Eh bien! est-ce mieux agir, que de river l'âme, qui est vraiment forte lorsqu'elle est bien développée, aux chaînes de l'ignorance, et de lui crier alors : Vous êtes libre, votre sort est en votre puissance ; travaillez à votre bonheur, tous les moyens sont là, vous pouvez en disposer? — Hélas! doit-elle soupirer, quels sont ces moyens? je ne les connais pas. Où puis-je aller, moi, aveugle, au milieu de ce désert rempli d'abîmes et de rochers? De tous côtés me menace le malheur ; que puis-je dans ma faiblesse pour le détourner?

Non, qu'on ne parle pas tant de liberté avant que l'homme ne puisse s'en servir. Qu'on restreigne plutôt la liberté de la jeunesse, pour la donner d'autant plus grande à l'homme fait et bien développé. Que de malheureux gémissent maintenant dans les prisons, qui, si on les avait contenus davantage dans leurs jeunes années, le temps des passions, seraient devenus des citoyens honorables ! Malheureusement les hommes sont-ils capables de trop peu de liberté. Pourquoi faut-il tant de lois préventives, tant de lois pénales, tant de tribunaux, tant de prisons? Pourquoi, sinon à cause du peu de développement de l'intelligence du peuple ? — En effet, celui qui sait se conduire d'après une raison saine et bien éclairée, n'a pas besoin de freins qui le retiennent. Il n'a pas à s'inquiéter d'agents de la police ou de prisons, il fait son devoir et marche droit dans sa route. Il vit, même dans un pays où règnent beaucoup de lois restrictives et répressives, libre et insouciant, comme un véritable homme, comme un être vraimen. indépendant. Si tout le monde savait vivre ainsi, alors, oui, chacun pourrait être dit libre. Nul ne commettrait de délits ni de crimes, nul ne blesserait les droits d'autrui, la liberté et l'égalité règneraient partout, et la liberté de chacun ne serait limitée que par la même liberté des autres. — Rêve irréalisable ! — me dira-t-on aisément. Soit, mais il n'en est pas moins vrai que le nombre de ceux qui agissent avec sagesse et raison, peut s'accroître, et il est certain qu'il s'accroîtra, car c'est aussi en moralité que la civilisation avance ; et plus il y a de lumières et de conceptions lumineuses dans l'esprit de l'homme, et plus aussi sa conscience s'épure, son caractère s'ennoblit et tout son être se sanctifie. Puisse la saine raison dominer toutes les passions viles, surtout l'égoïsme et l'orgueil ! Puisse son flambeau guider l'homme partout et toujours !

Instituez donc de nombreuses écoles, vous, les amis de la liberté et du progrès ! instruisez toutes les classes, éclairez chacun, et bientôt vous verrez décroître la population des maisons de détention ; bientôt vous pourrez convertir celles-ci en écoles et vous ne serez plus forcés de charger de chaines tant de malheureux, et cela souvent pour des fautes dont la cause n'est pas en eux et auxquelles ils sont excités comme par l'invincible fatalité des circonstances de la vie. Mettez tous les enfants sur les bancs de l'école, et vous ne serez plus obligés de priver tant d'hommes, enfermés dans de noirs cachots, non seulement de la liberté, mais même de l'air bienfaisant et de la caressante lumière du jour.

Et vous, parents, que préférez-vous pour vos enfants, ou de l'école dans leur jeunesse, ou de l'éventualité de la prison dans un âge plus mûr? — Vous plaindrez-vous donc lorsque la législation vous *obligera* à rendre vos enfants heureux, seulement parce que quelques-uns sont assez misérables pour négliger ce saint devoir, et préparent ainsi un sort malheureux à leur enfants? Gens de bonne volonté, ne pourrez-vous pas souffrir qu'au-dessus de vous il y ait une légère contrainte, qui d'ailleurs ne vous atteindra pas davantage que beaucoup de peines du code pénal, que vous n'encourez jamais? Et vous, amis de l'humanité, ne pourrez-vous pas, pour assurer le bonheur de tant d'enfants, souffrir qu'un père négligent, dénaturé, soit puni? Que vous disent votre cœur et votre raison? Que vous dit votre sentiment moral? Préférerez-vous le pire au mal? Non, n'est-ce pas? Eh bien! mettons donc en œuvre les moyens qui sont nécessaires pour atteindre notre but élevé!

Mais, mon ami, — me direz-vous peut-être — pourquoi voulez-vous instruire tous les enfants? Serez-vous jamais en état de donner à tous une instruction aussi solide, qu'il en faut pour bien vivre dans la société? Les demi-savants sont souvent pires que les ignorants. Ce n'est pas la grande science qui fait l'honnête homme. La moralité et la religion, voilà les deux grandes puissances qui mènent l'homme au bien et qui le retiennent du mal.

La moralité et le sentiment religieux, fondés sur la vraie connaissance de nos devoirs envers Dieu et envers notre prochain, oui, c'est la condition première et la plus nécessaire pour *bien* vivre. Notre bonheur ou notre malheur en dépend. Ce sentiment, la force pure de notre conscience, nous guide à travers toutes les circonstances difficiles de la vie; fortifie en nous, au milieu des calamités, l'espoir en des jours meilleurs; nous fait diriger nos regards, alors que tout bonheur semble nous échapper ici-bas, vers l'autre côté du tombeau, et nous donne des forces pour combattre avec courage et persévérance le mal artificieux qui nous tente continuellement. Mais où l'homme apprendra-t-il mieux quels sont ses devoirs que dans une bonne école? dans une école, qui n'élève pas l'enfant, comme s'il devait rester toujours *enfant*, mais qui, l'œil fixé sur le monde et la vie sociale, lui montre ce qu'il deviendra un jour, et le fortifie et l'arme sous tous les rapports, afin de mener à bonne fin la lutte de la vie. Où le sentiment moral de l'homme sera-t-il mieux développé que là où on lui fait sentir continuellement ses rapports avec les autres hommes, et où on lui apprend sans cesse à aimer son prochain de l'amour qu'il a pour soi-même, ce grand commandement, que le divin docteur a égalé au premier et d'où procède. tout bonheur social? Et qui pourrait jamais être plus capable de faire observer cette loi aux enfants, qu'un bon instituteur qui les a, chaque jour, cinq ou six heures sous les yeux, et trouve plus d'une occasion de leur dire :

« Ne faites pas à autrui ce que vous ne voudriez qu'on vous fît. »

« Faites aux autres tout le bien que vous désirez qu'on vous fasse. »

On me dira peut-être qu'une telle règle de conduite n'est que de l'égoïsme; mais où trouver l'homme qui ne s'aime pas soi-même? —Jésus n'a-t-il pas pris l'amour que nous avons pour nous-mêmes pour mesure de celui que nous devons avoir pour les autres? Celui qui ne s'aime pas assez, n'aimera pas non plus assez son prochain. Et que de hautes et saintes vertus qui s'appuient sur cet amour de soi-même ! N'apprend-on pas tous les jours à l'enfant à être sage afin qu'il acquière le ciel? Et ne parle-t-on pas continuellement à l'homme fait de sauver son âme? Les cénobites d'autrefois ne désertaient-ils pas le monde pour gagner le paradis, et les moines, qui appartiennent à un ordre sévère, ne le font-ils pas encore aujourd'hui? La récompense, plutôt que le vrai sentiment du devoir, est donc le mobile des bonnes actions. Ou bien la recherche de notre propre bonheur serait-elle notre plus grand devoir?.... Oh ! combien peu de gens comprennent que la vertu est un besoin des nobles âmes ! Combien peu d'hommes connaissent leurs vrais rapports avec Dieu et avec la nature ! Combien peu d'hommes vivent d'accord avec l'admirable harmonie de la création !
— L'homme doit comprendre ses devoirs par son intelligence ;

sans elle, pas de vraie morale! Une imitation servile et une aveugle obéissance, oui, mais non pas cette vertu élevée des âmes fortes, qui tendent toujours vers la perfection, qui tâchent de se corriger des plus petits défauts et agissent d'après l'exemple du Père céleste, lequel, suivant les paroles du Christ, agit toujours, et ne cesse point de répandre ses bienfaits et son éternel amour sur ses créatures.

Sans lumières pas de vraie liberté, et par conséquent, pas de vrais mérites ni de vraies fautes. Nous disions plus haut que l'ignorance engendre le mal; heureusement que Dieu sait juger mieux que nous en qui git la cause du mal.

Connais-toi toi-même! — C'est là un problème que personne jusqu'ici n'a complètement résolu, et pourtant c'est la connaissance de nous-mêmes qui doit fixer notre moralité.

Que prétendrait-on donc que la science n'est point nécessaire? Oui, nous savons qu'il est de ces sciences qui, prises séparément, seraient plus nuisibles qu'utiles. Mais qu'on développe la raison naturelle, qu'on apprenne à l'homme à penser et à réfléchir, qu'on lui apprenne à vouloir et à agir, qu'on en fasse un être toujours laborieux et actif, et qu'on lui procure en même temps les connaissances indispensables dans la vie. Ces connaissances, jointes au développement intellectuel et moral en question, le mèneront à la hauteur que toute la masse du peuple devrait atteindre. Et qu'on ne méprise point cette hauteur-là! Celui qui sait bien lire et bien écrire, c'est-à-dire, qui comprend ce qu'il lit et qui sait plus ou moins bien exprimer ses idées par écrit, est capable de travailler sans cesse à son propre avancement, et un petit nombre de livres choisis est pour lui un trésor de conceptions précieuses et de nobles sentiments, qui l'aideront efficacement dans la vie commune et ne le déplaceront même pas dans des cercles plus élevés. Qu'il nous soit permis de citer ici quelques paroles empruntées au discours prononcé au Congrès de Malines, le 31 août 1864, par Mgr Dupanloup, évêque d'Orléans, un pédagogue qui s'est fait connaître par des ouvrages de mérite :

« Depuis quarante ans — dit cet évêque — il y a eu parmi les
» hommes religieux, quelques préjugés contre l'instruction po-
» pulaire.

» A ces préjugés, évanouis presque partout aujourd'hui, je me
» borne à opposer en passant trois réponses que, j'en suis sûr,
» vous trouverez bonnes.

» On a dit : elle est un danger, quand elle est incomplète. —
» Je ne réponds qu'un mot : donc rendez-la complète.

» On dit encore, ce qui est vrai : elle est dangereuse, parce
» qu'elle est une cause d'orgueil et d'inégalité, tant qu'elle n'est
» pas universelle. — Eh bien, ma réponse sera encore ici bien
» simple : rendez-la universelle.

» Enfin, on dit : elle est dangereuse, parce qu'il y a de mau-
» vais instituteurs. — Ceci serait très-sérieux, s'il s'agissait
» d'instituteurs impies ou immoraux. Quant aux incapables, je
» vous répondrais volontiers avec un de vos plus brillants et plus
» solides orateurs de l'année dernière, M. Cochin : « De tous les
» mauvais instituteurs, le plus mauvais, c'est l'ignorance. »

Avec l'auditoire nous applaudissons de tout cœur à de telles
paroles. Si nos écoles ne sont pas propres à produire le développement que nous désirons, qu'on les améliore; qu'on enlève les
obstacles qui empêchent l'instruction de s'étendre ; qu'on commence surtout par obliger les enfants de fréquenter plus longtemps
les écoles, car, si tant d'entre eux ne retirent que peu ou point
de fruit de l'instruction qu'on leur a donnée, c'est principalement
parce qu'ils abandonnent l'école avant d'être assez instruits. Plus
loin nous parlerons encore d'autres améliorations de l'enseignement primaire. Nous comptons même en faire une étude spéciale,
car ce sujet a trop d'importance pour être traité à la légère.

Nous sommes de l'avis de Mgr Dupanloup, qui continue : « Il
» y a partout un mouvement vers le progrès matériel. Pour moi,
» je ne le maudis pas, ce progrès ; je ne suis pas envoyé pour
» maudire ce qui honore l'esprit de l'homme et sa puissance sur

» la matière. Je le bénis, au contraire. Mais pour suivre ce
» progrès et le gouverner convenablement, il faut le bien com-
» prendre. J'ajoute que, pour ne pas succomber à ses tentations,
» qui sont redoutables, il faut un frein moral plus fort que jamais.
» Par conséquent, l'enseignement intellectuel et moral devient
» plus nécessaire qu'il ne l'a jamais été.

» Dans l'industrie et le commerce, la concurrence intérieure a
» été suivie de la concurrence extérieure, et cela en Belgique
» comme en France. Eh bien, je dis : pour ne pas perdre notre
» rang dans cette lutte, il faut désormais de meilleurs ouvriers, il
» faut de meilleurs paysans, plus capables, plus exercés ; et
» j'ajoute que c'est encore à l'*enseignement* à nous aider dans cette
» guerre pacifique des nations.

» Bientôt, celui qui ne saura rien ne gagnera rien. L'ouvrier
» absolument illettré ne sera jamais qu'un manœuvre, et les
» manœuvres sont rejetés des ateliers.

» En un mot, *partout la lutte et la marche en avant. Pour
» moi, je l'avoue, je n'aime pas à rester en arrière. Je ne suis pas
» du tout pour qu'on s'enveloppe dans son manteau et qu'on se
» mette à bouder dans un coin.* Quand tout le monde marche, il
» faut se mettre à marcher.

» Sans l'instruction et la morale chrétienne, répandues à pleines
» mains, dans dix ans, les ouvriers instruits seront des *mécontents*
» et tous les ouvriers illettrés seront des *indigents.* »

Tout homme qui pense bien et qui juge sans parti pris et libre
de tout intérêt, reconnaît sans doute, avec l'honorable orateur
que nous venons de citer, la nécessité de l'instruction populaire,
et sera partant bien éloigné de vouloir la condamner. Qu'on soigne
seulement de rendre l'enseignement vraiment utile, de le faire
marcher toujours de pair avec l'éducation, et de le diriger vers
le développement le plus élevé de toutes les forces de l'homme,
tant corporelles et intellectuelles que morales.

Mais ici on nous objecte une sérieuse difficulté : l'enseignement
religieux. Lorsque l'instruction sera obligatoire et que tout père

devra envoyer ses enfants à l'école ou les faire instruire à la maison,
quelle sera la religion que vous enseignerez ? Car il y aura infail-
liblement dans une même école des enfants de diverses sectes.
Imposerez-vous à la minorité le culte de la majorité ? Vous qui
parlez tant du sentiment religieux et de la moralité, quel enseignement, quelle secte préférerez-vous ?

La loi de 1842 a déjà répondu à cette objection. La religion de
la majorité est enseignée dans les écoles, mais la loi y ajoute,
que les enfants qui appartiennent à une autre secte, sont dispensés
d'assister à cet enseignement. C'est même pour cette raison que
l'instruction religieuse se donne pendant la première et la dernière
demi-heure de la classe. On pourrait conserver cet usage. Seulement il est à remarquer que, dans ce cas, l'État ne donne pas également l'instruction à tous les enfants des citoyens belges. La minorité
ne doit pas céder, en ce point, devant la majorité. Tous les
Belges sont égaux devant la loi ; tous ont donc droit au même
degré d'enseignement. Encore n'est-ce pas en harmonie avec
l'esprit de notre Constitution, que d'enseigner dans nos écoles une
religion à l'exclusion des autres. Aucun culte n'est reconnu comme
religion d'État, mais tous les cultes sont libres, et l'enseignement
public ou de l'État ne peut, par conséquent, pas préférer l'un à
l'autre. Que reste-t-il donc à faire ? Tout simplement ne plus
donner à l'école l'enseignement *dogmatique* et *cérémoniel*, se con-
tenter d'apprendre aux enfants une morale pratique, qui puisse
s'accorder avec tous les cultes et qui ne puisse, en aucune façon,
blesser un seul d'entre eux.

Mais, dira-t-on, sans religion pas de morale. L'école ne sera
donc plus qu'un lieu où l'on apprendra aux enfants à *lire*, à *écrire*
et à *calculer* ? Où sera alors l'éducation qui doit marcher de pair
avec l'instruction ? Sans religion, en effet, il n'est pas possible de
donner une bonne éducation. — Ces observations paraîtront fondées
à bien des personnes, qui pensent avoir donné par là le coup de
grâce à l'instruction obligatoire.

Mais comment ! il n'y a pas de morale en dehors des religions ou plutôt des *cultes !* Ceux qui appartiennent à l'Église réformée diront-ils donc que les bonnes mœurs ne sauraient régner parmi les Catholiques, parce qu'ils ne suivent pas leur rit ni leur doctrine? Les Turcs ou Musulmans prétendront-ils que pas une vertu n'est possible en dehors des prescriptions de Mahomet? Et les Catholiques oseront-ils affirmer que, hors du sein de l'Église Romaine, on ne peut pas remplir son devoir d'homme et de citoyen? Que de nobles caractères, que d'âmes charitables ne trouve-t-on parmi d'autres sectes ! Et n'a-t-on pas rencontré, même avant la naissance du Christ, au milieu des Païens, des hommes que leur haute moralité élève bien loin au-dessus de plusieurs bons croyants de nos jours! Non, la vie moralement et intellectuellement bonne ne dépend pas de formes ni de systèmes ; elle procède de la nature humaine, repose sur les lois éternelles de la création et, par conséquent, est la même partout et pour tout le monde. Des vertus de convention ne sauraient être appelées de vraies vertus, quoiqu'elles doivent être respectées partout où elles existent, jusqu'à ce qu'on puisse les remplacer par des vertus réelles.

Mais dites-moi, où pourrait-il jamais exister une secte pour laquelle *justice*, *vérité* et *fraternité* auraient la signification de *injustice*, *mensonge* et *inimitié?* Les vertus morales n'ont-elles pas leur origine dans le cœur de tout homme bien né, quelles que puissent être sa profession de foi et la manière dont il veut honorer la divinité?

Ne pourrait-on pas développer dans les enfants les grandes vertus sociales, telles que la *justice*, la *charité*, la *fraternité*, sans leur parler de dogmes ou de cérémonies religieuses? Ne pourrait-on pas les habituer à l'*obéissance*, au *respect* et à l'*amour* envers leurs parents et supérieurs? Ne pourrait-on pas leur faire chérir l'*ordre*, la *propreté*, l'*économie*, et l'*accomplissement rigoureux de tous leurs devoirs*, comme autant de sources de beaucoup de bonheur, et leur faire haïr et fuir, par contre, les *vices* et les *passions viles*, comme autant de causes de calamités et de misères ? Et cela ne serait-il pas suffisant à l'homme pour lui rendre la vie sur terre agréable et heureuse ?

Ne pourrait-il pas par une telle instruction devenir un être sociable, un bon membre d'une société bien organisée et un bon citoyen d'un État libre ? Et c'est là tout ce que l'institution de l'État doit atteindre. L'État ne considère l'homme que dans la vie présente, et il doit soigner seulement que cette vie soit pour chacun aussi bonne et aussi heureuse que possible. Ce que l'homme devient après la mort, c'est une question dont l'État n'a pas à s'informer ; elle appartient à chacun en particulier. D'ailleurs la religion s'en occupe, parce que celle-ci considère l'homme plus sous le point de vue de l'éternité que sous celui de son court séjour sur la terre.

Laissons au prêtre le soin du salut des âmes et de tout ce qui s'y rapporte ; qu'il instruise ses élèves comme il l'entend et que l'État l'en laisse tout à fait libre ; qu'il donne l'instruction, non pas dans les écoles publiques, mais dans son église, dans le temple où chaque secte se réunit séparément, et où, par conséquent, chacun peut librement instruire et élever d'après ses propres convictions.

L'éducation ne sera donc pas séparée de l'instruction. L'éducation civique se fera dans l'école, l'éducation religieuse dans le temple. Et si toutes deux sont bien données, elles se tendront énergiquement la main et l'avancement de l'homme y gagnera sous tous les rapports.

Hélas ! que de gens n'y a-t-il pas encore qui croient que la plus grande vertu réside dans d'interminables prières, dans le jeûne, les œuvres de pénitence et la fréquentation des solennités religieuses, et qui oublient entretemps tous leurs devoirs d'homme, de citoyen, de père et d'époux. L'homme n'est pas seulement croyant ; avant tout il est *homme*, il est citoyen, et en ces qualités il a tous les jours et même pendant toute la journée à remplir des devoirs qui ne sont malheureusement que trop peu appréciés par beaucoup de personnes. Et d'où provient cette négligence ou cet oubli? Sans doute en majeure partie de la trop grande extension de l'instruction religieuse dans nos écoles. L'enseignement dogmatique et celui des pratiques de l'église, joints à une foule de considérations théologiques, ombragent tellement la pure morale, que cette dernière passe inaperçue, et ne fait que peu ou point d'impression sur l'esprit et sur la conscience des enfants. Certes, si ces deux parties, l'enseignement dogmatique et l'instruction morale, qui sont maintenant réunis dans un seul cours de religion, étaient séparées, les hommes deviendraient meilleurs comme hommes et ne perdraient rien sous le point de vue religieux.

Qu'une vraie civilisation, une raison claire et bien développée, guident l'homme dans la vie civique ; qu'une conscience bien formée et un pur sentiment religieux le mènent à Dieu et à sa destination éternelle !

Oh ! puisse venir bientôt le temps où chacun sera éclairé ! Cet heureux jour commence déjà à poindre, nous l'envisageons avec joie et ferons tous nos efforts pour avancer sa venue. Que d'améliorations restent encore à faire sur le terrain des institutions sociales et des mœurs du peuple, améliorations qu'on ose à peine souhaiter aujourd'hui et que l'avancement du peuple aurait bientôt permis d'accomplir. Qu'on commence donc par améliorer l'instruction et l'éducation, qu'on tâche de les étendre autant que possible : c'est le seul moyen d'arracher les maux existants jusque dans les racines parmi la génération naissante.

Ou croirait-on peut-être cette amélioration-là également impossible ? Non, on ne le pourrait pas. Quant à l'instruction obligatoire, nous avons démontré suffisamment qu'elle est juste, utile et même nécessaire ; cependant il nous reste encore à parler d'*une* grande difficulté.

Point d'obligation sans contrainte, point de loi sans peine pour celui qui la viole. Et comment punira-t-on les parents qui négligent l'instruction de leurs enfants ? Comment pourra-t-on se convaincre de la culpabilité des parents ? Va-t-on instituer toute une nouvelle armée de gendarmes pour conduire les enfants à l'école ? Voilà quelques questions qu'on nous pose.

Avec un peu de bonne volonté et la coopération des administrations communales et des instituteurs la chose ne serait pas si difficile. Comment saura-t-on quels sont les parents qui négligent leurs devoirs ? — Ne peut-on pas, dans chaque commune, dresser un état des enfants qui sont en âge d'aller à l'école ? Ne peut-on pas connaître exactement le nombre et les noms des élèves des écoles publiques et même des institutions privées ? Ne découvrirait-on pas ainsi quels parents font instruire leurs enfants chez eux ou ne les font pas instruire du tout ?

Peut-être on pourrait encore mettre en œuvre bien d'autres moyens, qui sont employés dans des pays voisins où l'instruction est depuis longtemps obligatoire et où elle est couronnée de succès. C'est ainsi qu'on a déjà parlé de faire subir un examen aux enfants de dix ou de douze ans : cette idée ne serait pas bien difficile à mettre à exécution.

Une fois les négligents connus, on pourrait se servir de tous les moyens moraux pour les rappeler à leurs devoirs; si alors ils persévéraient avec opiniâtreté dans leur négligence, ces pères montreraient qu'ils sont dénaturés, qu'ils ne connaissent pas leurs devoirs ou qu'ils les méconnaissent à dessein, qu'ils foulent aux pieds les droits les plus sacrés de leurs enfants, et ils mériteraient par conséquent, en toute justice, d'en être punis.

Mais quelle peine pourrait-on leur appliquer? Des amendes? — et probablement ils sont déjà dans la misère. Un emprisonnement? — mais alors vous enlevez le seul soutien à toute une famille. En agissant ainsi, vous punissez non pas le coupable, mais sa femme et ses enfants qui sont innocents.

Sans en venir jusqu'à ces peines, on pourrait leur appliquer une punition morale. On pourrait réprimander le père négligent, d'abord en particulier, puis en public, le priver de quelques-uns de ses droits civiques, tels que le droit de vote et d'éligibilité, celui d'être témoin à des actes légaux, etc. Et si, après avoir épuisé de tels moyens, on était forcé d'en venir à d'autres plus sévères, ne vaudrait-il pas mieux alors de faire recueillir les enfants par la charité publique et de leur donner avec la nourriture intellectuelle aussi celle du corps, que de les laisser devenir, faute d'instruction et d'éducation, les parias de la société et peut-être des criminels? Ce n'est pas devant ces cas peu fréquents — peut-être y en aurait-il *un* par an dans toute la Belgique — qu'on doit reculer. Non, car pour le moindre mal le bien infiniment plus grand ne doit pas être sacrifié. Rien n'est parfait icibas, pourtant c'est agir avec sagesse et raison que de remplacer toujours le bien par le mieux.

Et tous ceux qui connaissent les choses de près et qui ne reculent pas devant un examen approfondi, comprennent que l'enseignement primaire est encore susceptible d'une infinité d'améliorations.

Il y a beaucoup d'écoles, oui, mais elles ne produisent pas le résultat désiré ; il y a beaucoup d'instituteurs, mais ils ne sont pas mis dans la possibilité de faire recueillir à leurs élèves tous les fruits que ceux-ci, dans de meilleurs circonstances, pourraient tirer de leurs leçons. Tous ont trop d'élèves à instruire et encore ces élèves ne fréquentent-ils pas assez longtemps l'école, pour que l'instruction qu'ils reçoivent puisse être efficace.

Si l'on ne veut pas introduire l'instruction obligatoire dans notre pays, si l'on juge qu'elle serait inoportune ou qu'elle ne serait pas d'accord avec nos libertés et nos institutions nationales, qu'on mette au moins tout en œuvre pour étendre l'enseignement actuel ; que par amour pour le peuple, on améliore cet enseignement sous tous les rapports ; qu'on le mette à la hauteur où sont de nos jours les connaissances pédagogiques.

En toute modestie nous aurons la franchise de faire ici quelques réflexions sur ce sujet.

AUGMENTATION DU NOMBRE DES ÉCOLES

ET DES INSTITUTEURS.

Il y a jusqu'ici trop peu d'écoles. Dans certaines localités tous les enfants dont les parents demandent avec droit l'instruction gratuite, ne peuvent pas être admis dans les écoles communales ; dans d'autres endroits, les enfants en sont trop éloignés. Les parents n'aiment naturellement pas à laisser leurs enfants aller si loin, parce qu'ils ont en chemin trop d'occasions de faire du mal. C'est avec raison que les adversaires de l'enseignement obligatoire disent : Soignez d'abord que tous ceux qui demandent l'instruction puissent la recevoir convenablement ; et puis, tâchez d'en instruire encore davantage. — Oui, d'abord soignons pour que les écoles soient assez nombreuses et assez répandues pour faciliter l'instruction à tous ceux qui veulent la recevoir. Faisons plutôt les écoles plus petites, afin de pouvoir mieux en établir dans toutes les localités du pays. Les grands établissements qui reçoivent cinq à six cents élèves entraînent des difficultés inévitables. D'abord, pour faire quelque bien, le nombre des instituteurs doit y être très-élevé. Puis la bonne direction de ces établissements devient presque impossible, parce que le temps manque au directeur pour donner dans toutes les classes à l'enseignement l'unité et l'impulsion nécessaires. Ensuite, là où il y a tant d'enfants, on en a, même dans les écoles les mieux réglées, tous les jours au moins cinquante qui sont punis. Ceux-ci sont continuellement en contact les uns avec les autres, et quelque grand que soit le nombre des instituteurs, on ne saurait empêcher ces mauvais élèves de se fortifier mutuellement dans le mal. Comme on a aujourd'hui la coutume dans toutes les écoles, de faire rester les élèves punis pendant un certain temps après les heures de la classe, sous la surveillance d'un instituteur, il y en a toujours parmi eux, en qui le mal est invétéré et qui prennent plaisir à tromper et à chagriner l'instituteur, à faire rire les autres de leurs méchancetés, à exciter de plus jeunes à les imiter, etc.; de cette manière ils savent changer en un méchant plaisir ce qui leur a été imposé pour punition. Les mesures disciplinaires de l'école sont bientôt épuisées, et que reste-t-il alors à faire? Pour sauver les autres, il faut bien éloigner ces élèves qui donnent le mauvais exemple, et les rejeter ainsi dans le monde où ils pourront donner libre carrière à leurs mauvais penchants. Vraiment il est regrettable, et nous souffrons de devoir le dire, que beaucoup d'enfants sont ainsi abandonnés entièrement à leur perte, tandis que l'école devrait servir à ramener les méchants dans une meilleure voie. Et cela pourrait se faire, si l'instituteur pouvait seulement, en bon père, leur consacrer ses soins, ce qui sera possible quand la classe ne contiendra que peu d'élèves, et que le nombre de ceux que le maître devra améliorer sera par conséquent très-restreint. L'instituteur qui parmi une trentaine d'élèves en aurait cinq mauvais, ne pourrait-il pas, en effet, avec un peu de soin, les ramener au devoir?

Il n'en est plus ainsi pour l'instituteur qui a à s'occuper de soixante à cent enfants, parmi lesquels il en est parfois dix ou vingt de corrompus, qui lui donnent assez de peine sans qu'il ait encore à songer beaucoup à l'instruction et à l'éducation des autres. Non, l'éducation n'est pas possible dans une classe nombreuse. Si l'instituteur est forcé de faire sans cesse le gendarme ou le tyran, comment pourra-t-il alors se montrer bon instituteur et tendre père? Comment pourra-t-il agir sur le caractère et sur le cœur de ses élèves, s'il doit continuellement réprimer la mauvaise volonté de quelques-uns d'entre eux? Comment saura-t-il se faire aimer de ses élèves, s'il doit toujours leur montrer un visage sévère, et ne leur adresser que de dures paroles? Comment saura-t-il prendre en considération le caractère individuel et les facultés particulières de chaque élève, s'il doit sans cesse fixer toute son attention sur la masse? Non, l'éducation ne se laisse pas distribuer à pleines mains dans un grand nombre d'individus, comme l'on jette la graine aux oiseaux.

Diriger les enfants, leur faire observer un ordre militaire, les enseigner : tout cela n'est pas encore les élever. Il faut plus dans nos écoles. La cordialité, l'esprit de famille, l'amitié et l'amour doivent y régner. Il ne faut pas que les cœurs des enfants y soient endurcis. Ils doivent s'y amollir et s'y rendre sensibles à tout ce qui est noble et beau ; ils doivent tressaillir à chaque douce émotion; ils doivent sentir pour tout ce qui est bon, quelque chose qui leur dit : — Il y a plus que des plaisirs sensuels, il y a plus que l'esprit et la science! là, là au fond de moi-même jaillit une source de félicité, là git un trésor d'inépuisable satisfaction ! — Trop longtemps déjà on a négligé le cœur des enfants : trop longtemps on a méconnu leurs tendres sentiments ; trop longtemps on a abâtardi l'humanité en étouffant dans le germe le sens du beau, le sentiment noble et sacré de l'art, de l'honneur et du devoir. Bienfaisante éducation des cœurs, entre dans nos écoles et remplace le froid enseignement qui étouffe l'intelligence sous les connaissances et les règles fondamentales, mais qui laisse le sentiment et le cœur vides, et rend l'homme à jamais incapable de comprendre les saintes jouissances de l'âme ! Instituteurs, donnez la véritable éducation, devenez les distributeurs du bonheur, devenez ce que vous devez être : des sources de félicité pour tous les hommes ! Oui, vous le deviendrez, vous le seriez déjà si l'on ne vous surchargeait pas d'élèves. Ne sentez-vous pas tous les jours, braves instituteurs, et ne vous le dites-vous pas avec douleur, que vous ne pouvez guère accomplir ce que vous aimeriez à faire, que votre travail ne produit pas ce que vous pourriez avec raison attendre de vos forces? Ne souhaitez-vous pas, comme nous, de pouvoir consacrer vos soins à un petit nombre d'élèves ? Ne seriez-vous pas alors animés d'un double zéle et d'un double amour pour votre travail !

Et vous, législateurs, qui avez en main le sort du pays, donnez la liberté à ces nobles forces qui gisent en tant d'instituteurs ; ou plutôt, faites en sorte que ces forces qui maintenant s'usent, en grande partie, inutilement, puissent produire de salutaires effets. Fondez plus d'écoles et faites-les plus petites, multipliez les classes et rendez-les moins grandes, augmentez le nombre des instituteurs et des institutrices, mettez-les dans la possibilité de devenir vraiment les pères et les mères de leurs élèves. Votre tâche est belle, elle est grande et noble !

— Mais, dira-t-on peut-être, comment augmenter le nombre des instituteurs? Il n'y en a pas. — Et pourquoi n'y en a-t-il pas ? N'est-ce pas parce que la profession d'instituteur est actuellement si peu digne d'envie? N'est-ce pas parce que l'instituteur, malgré tous ses sacrifices et toute son abnégation, doit souvent vivre avec sa famille dans la misère ? Parce qu'il n'est pas apprécié à sa valeur dans la société ? Interrogez tous les instituteurs du pays, et nous sommes certains que vous n'en trouverez pas un seul qui ait eu la chance de devenir notaire, médecin, pharmacien ou avocat. Et cependant la profession d'instituteur est au moins tout aussi noble que celles-là. Les jeunes gens qui se dévouent à l'enseignement primaire sont presque tous issus de la classe inférieure de la bourgeoisie, ce qui, certes, ne leur ôte rien de leur mérite. Ceux qui par leurs propres forces s'élèvent à un poste honorable dans la société et qui le remplissent dignement, sont supérieurs à ceux qui parviennent aux plus hautes fonctions de l'État à l'aide d'une puissance protectrice et du secours d'autrui. Mais qu'on se contente de mettre les fonctions d'instituteur aux mêmes conditions que les autres emplois libéraux, qu'on préserve l'instituteur des soucis de la misère, qu'on facilite sa tâche trop difficile en

restreignant le nombre de ses élèves, en un mot, qu'on fasse
pour lui ce qu'on a fait pour les professeurs de l'enseignement moyen, et nous osons assurer qu'alors beaucoup plus de
personnes embrasseront cette carrière. Qu'en outre, on donne à
tous ceux qui possèdent les connaissances requises, un diplôme de
capacité, quel que soit le lieu où ils aient reçu leur instruction;
qu'on permette ainsi de former des instituteurs dans toutes les
écoles, ou qu'on augmente le nombre des écoles normales, et la
lacune sera bientôt comblée. Oui, le nombre des instituteurs sera
bientôt suffisant pour généraliser l'enseignement dans tout le pays
et pour donner une bonne instruction à tout le monde.

Mais nous prévoyons déjà qu'il y aura manque d'argent pour
payer suffisamment les instituteurs. Les communes sont déjà trop
surchargées et elles tâchent souvent de s'en tirer au meilleur
marché possible lorsqu'il s'agit d'enseignement. Que les marchan-
dises soient alors d'après leurs dépenses, plusieurs communes
s'en inquiètent fort peu, pourvu que les termes de la loi soient
accomplis. Heureusement il y des exceptions, heureusement il y
a aussi des communes qui ne s'épargnent ni argent ni peine pour
l'instruction de la jeunesse, et nous mentionnons avec une véritable satisfaction la ville de Gand, qui introduit sans cesse des
améliorations dans l'enseignement, qui a augmenté le nombre des
instituteurs et des institutrices bien au-delà de la proportion des
autres communes et qui récemment encore, a institué une école
pour les filles âgées de plus de 14 ans, école qui, dès le second
dimanche, était déjà fréquentée par 450 élèves.

Nous constatons avec non moins de plaisir qu'Anvers suit
courageusement les pas de sa sœur; à Anvers aussi beaucoup
d'améliorations ont été introduites dans le système des écoles durant
les cinq dernières années, et nous sommes persuadés qu'on ne s'y
arrêtera pas encore dans la voie du progrès. Saint-Josse-ten-Noode
ne mérite pas moins de louanges. Les villes de Liége et d'Arlon
disputent le premier rang à celle de Gand. Nous pourrions encore

citer beaucoup d'autres communes dont l'administration considère l'instruction comme la première nécessité du peuple, et préfère sacrifier quelques autres besoins de moins d'importance, plutôt que de ne pas satisfaire à celui-ci. Puisse l'État suivre le digne exemple de ses communes ou plutôt, puisse-t-il faire encore davantage! Puissent les législateurs, par un décret aussi efficace qu'utile, adjuger entièrement l'enseignement public à l'État, et puis, prendre les mesures nécessaires, afin qu'il soit organisé partout de telle sorte qu'il puisse former tout-à-fait les hommes à la vie active et réelle!

Quand nous parlons d'attribuer entièrement l'enseignement public à l'État, nous ne voulons nullement dire par là que les Ministres pourraient l'organiser entièrement selon leurs goûts; nous savons combien énergiquement beaucoup de personnes s'élèvent contre la *centralisation*. Par *État* nous comprenons la *Nation*; n'est-ce pas d'ailleurs, de la Nation qu'émanent tous les pouvoirs? Le peuple a ses représentants, qui règlent pour lui toutes les affaires importantes et en assurent l'exécution. Le peuple aurait donc aussi ses représentants pour l'enseignement. Celui-ci est, nous semble-t-il, assez important pour avoir une administration spéciale dans le pays.

Il en est ainsi dans les États-Unis de l'Amérique du Nord, où la direction des écoles est désignée par les électeurs, tout comme les représentants du pouvoir législatif, les membres des conseils provinciaux, etc. Nous espérons avoir l'occasion de parler ailleurs plus longuement de l'utilité d'une telle institution. Nous ne voulons ici qu'indiquer un moyen de décharger les communes des frais de l'enseignement populaire, sans opérer pourtant une centralisation auprès du gouvernement de l'État.

Mais jusqu'ici on ne voit pas encore comment les ressources de l'enseignement seraient alors augmentées. L'État, ou cette Direction particulière possédera-t-elle les fonds nécessaires pour régler tout comme il convient? Nous reconnaissons que l'augmen-

tation des écoles primaires, celle des instituteurs et de leurs traite-
ments, l'institution de nouvelles écoles normales, d'écoles du
dimanche et du soir, etc. augmenteront notablement le budget
de l'instruction, et peut-être même le tripleront. Mais ne trouvera-
t-on pas assez d'argent, pour fournir assez d'instituteurs au peuple
dans notre pays où l'on dépense annuellement tant de millions pour
l'armée ? Ne diminuera-t-on pas le budget de la guerre, dont
tant de citoyens contestent l'utilité, plutôt que de rester en défaut
pour ce point important d'utilité journalière ? Oui, nous osons le
demander franchement, laquelle des deux est la plus utile, ou
d'une armée de soldats, ou d'une armée d'instituteurs ? C'est
indubitablement la seconde. La force matérielle doit nécessairement
céder enfin devant celle de l'intelligence. La force d'un peuple ne
se calcule plus d'après le nombre des individus ; *le droit du plus
fort n'est pas un droit*, la civilisation ne le souffre pas ; le progrès,
qui ne s'arrête jamais, doit un jour le faire disparaître de nos
mœurs. La force de l'esprit, du génie supérieur, rend un peuple
maître de la terre. Les bonnes idées, les bonnes institutions, les
bonnes lois d'un peuple vraiment éclaré, pénètrent parmi les
autres nations et soumettent tous les esprits à l'ange de lumière
qui déploie ses ailes au-dessus du pays élu, élu du génie. Oui,
une armée de bons instituteurs est dix fois plus capable de faire
respecter notre petite Belgique, que cent mille soldats, avec un
train de toutes espèces de machines meurtrières, et toute une
masse de forts et de citadelles. Qu'on éclaire le peuple, qu'on
fortifie dans le cœur de chacun l'amour de la liberté, de nos
droits sacrés et de nos institutions nationales et qu'on fasse
ainsi de chaque poitrine une cuirasse contre l'ennemi de la
civilisation et du progrès ! Qu'on élève le peuple belge par une
instruction générale au-dessus de l'esprit de domination et de
tyrannie ; qu'on le mette à une hauteur qui puisse inspirer à ses
voisins la considération et le respect, et qui fasse dire à tout étranger, en parlant de la Belgique : « Là, là dans le pays sacré de la
liberté et de la civilisation, vit un petit peuple, le peuple le plus

heureux de la terre. Là, dans ce petit coin de l'Europe habite le génie des arts, de l'industrie, des découvertes, de la science, de la fraternité, de l'amour. Là la *liberté* occupe le trône, la *raison* seule fait la loi, le *devoir* est le seul mobile qui fasse agir ou s'abstenir ! » — Oh ! si tel était notre peuple, nulle force matérielle ne serait capable de le maîtriser ! Plutôt le tyran marcherait en frémissant sur le cadavre du dernier Belge, mort pour la liberté, que de le voir courber lâchement la tête. Non, un peuple vraiment libre n'est jamais maîtrisé ; il peut être vaincu, oui, mais une oppression temporaire n'est pas une domination, et le sentiment national dans chaque poitrine est certes un abri plus sûr pour la nationalité que le plus fort rempart.

Mais en voilà assez sur ce point ; on sait qu'un peuple au cœur servile ne peut pas être nommé un peuple libre ; on sait qu'un peuple n'est attaché au sol natal qu'en proportion des bienfaits dont il y jouit ; c'est pourquoi nous sommes convaincus qu'il ne manquera pas dans notre pays de nobles intelligences qui avanceront l'instruction et le développement de l'esprit national, qu'il ne manquera pas d'hommes qui aboliraient l'armée entière, plutôt que de laisser languir le peuple dans l'ignorance, et de le tenir ainsi toujours préparé à l'esclavage et à la tyrannie de l'étranger. Oh ! l'instruction du peuple est bien trop importante pour qu'on la laisse inefficace pour quelques milliers de francs en plus ou en moins. Pourquoi ne dépenserait-on pas maintenant pour elle une somme d'argent, qu'on pourrait économiser plus tard sur les budgets des prisons ? Pourquoi ne pas augmenter la force de l'esprit, pour augmenter ainsi le bien-être matériel et rendre le peuple plus riche et plus heureux sous tous les rapports ? Le génie et le travail, l'industrie et l'activité ne sont-ils pas, en effet, les sources les plus abondantes de la richesse ? Non, l'argent ne fera pas défaut : pour une si grande cause chacun aimerait volontiers faire un léger sacrifice. Ainsi, législateurs, la main courageusement à l'œuvre et en avant pour l'ennoblissement du peuple et de la patrie !

L'INSTRUCTION GRATUITE ET QUELQUES AUTRES
MOYENS DE STIMULATION.

Nous avons parlé de l'amélioration de nos écoles ; nous voulons
y ajouter un mot sur quelques moyens de donner à l'enseignement
la plus grande extension possible, sans avoir recours à l'instruction
obligatoire. Tout en soignant pour que le nombre des écoles et des
instituteurs soit suffisant, il faut qu'on déclare l'*instruction généralement gratuite*. Que l'instruction primaire soit gratuite pour
tous ceux qui voudront en jouir aussi bien pour les riches que
pour les pauvres.

Le système actuel de l'enseignement gratuit n'est, en pratique,
pas justifiable. Dans beaucoup de localités, ceux qui possèdent
quelque propriété foncière, ne savent pas obtenir l'instruction
gratuite pour leurs enfants ; et cependant il est certain que dans
les villes maint artisan et boutiquier, qui doit louer sa maison,
gagne mieux son pain et vit plus aisé, que certains petits
propriétaires, possédant une maison grevée souvent de fortes
dettes. En outre, ceux qui, à cause de leur imposition, paient
l'instruction gratuite, ont souvent raison d'envier celle des indigents. N'est-il pas généralement reconnu que beaucoup d'écoles
privées sont inférieures aux écoles communales ? Nous connaissons
plus d'un bourgeois qui s'est plaint de ne savoir à quelle institution envoyer ses petites filles. N'ont-ils pas le droit, ceux-là qui
contribuent aux frais de l'enseignement public, d'exiger aussi
pour leurs enfants une bonne instruction ? Et cependant dans les
villes les écoles communales sont fermées pour eux, même lors-

qu'ils consentent à payer un minerval. Il est vrai que beaucoup de communes ont reconnu ce droit des citoyens fortunés , et que l'administration y a ouvert des écoles pour les élèves payants. Nous citons comme exemples Liége, Gand et Schaerbeek. Cette mesure serait applaudie dans toutes les villes. Mais pourquoi ne peut-on pas donner l'instruction gratuite à tous ceux qui la désirent? Pourquoi ne pas donner à chacun l'accès des écoles publiques? L'enseignement primaire , d'après nous , est un de ces avantages qu'un État bien réglé doit à tous les citoyens. Sans instruction , en effet , un homme ne saurait être vraiment utile dans la société. , L'ignorance rend beaucoup de gens, non seulement inutiles, mais même dangereux et nuisibles. On n'a qu'à parcourir la liste des condamnés pour se convaincre que la plupart des malfaiteurs sont des gens sans instruction. Que l'État évite ce mal pour le bien-être de tous, qu'il donne donc à chacun l'instruction aux frais de tous !

— Très-bien , pensera-t-on peut-être , mais c'est encore là une lourde charge pour le budget des écoles. — Soit, mais qu'on introduise dans notre pays le système en vigueur aux États-Unis, où chaque propriétaire paie, en proportion de ses biens, une taxe en faveur des écoles , taxe dont le produit surpasse tous les budgets de l'enseignement de toute l'Europe. Sans doute quelques personnes s'opposeraient à ces mesures , parce qu'elles n'aimeraient pas de mettre leurs enfants à côté de ceux des classes moins aisées. A cela nous répondrons que personne ne serait obligé d'envoyer ses enfants aux écoles publiques. Les écoles libres seraient toujours là à côté des autres. Cependant nous sommes persuadés que beaucoup de gens préféreraient les écoles publiques aux écoles privées. D'ailleurs les instituteurs et les institutrices de ces dernières seraient bien forcés, dans leur propre intérêt, à améliorer leur enseignement et à le mettre à la hauteur de celui des écoles publiques, afin de pouvoir tenir la concurrence. — Mais, diront quelques personnes, si nous faisons élever nos enfants dans une école privée, nous payons la taxe sans en jouir. — Cette remarque peut encore être faite par ceux qui n'ont pas d'enfants. Peut-être quelques riches objecteront aussi qu'ils paient plus que les autres pour l'éducation de leurs enfants. A cela il suffit de répondre que ceux qui ont beaucoup de biens, les négociants, industriels ou fabricants, ont le plus grand intérêt dans l'enseignement populaire ; que les contribuables paient actuellement dans la même proportion pour l'instruction des indigents ou des personnes moins aisées, sans qu'il leur soit possible d'y participer, tandis qu'avec l'enseignement gratuit universel il ne dépendrait que de leur volonté d'en jouir.

Mais le but principal que nous avons en vue en proposant l'enseignement gratuit universel, c'est d'aiguillonner beaucoup de parents négligents. C'est surtout dans les communes rurales que cette mesure produirait la plus puissante influence. Comme nous le disions plus haut, beaucoup de parents ne savent se résoudre à dépenser ou ne dépensent qu'à regret, pour l'instruction de leurs enfants, l'argent qu'ils ont gagné à la sueur de leur front. Chez les uns c'est par cupidité exagérée, chez les autres par manque réel. Si le système que nous avons développé était admis, chacun payerait sa taxe entre les mains du receveur public ; comme personne n'en serait excepté, il est certain que l'intérêt même pousserait beaucoup de gens à envoyer leurs enfants à l'école, puisque sans cela l'argent payé pour les écoles ne leur serait d'aucune utilité. ce que tout paysan trouverait regrettable.

Il va de soi que, dans ce cas, l'instituteur devrait jouir d'un traitement fixe, comme cela est déjà dans les villes. Certes, sa position serait plus sûre et lui-même il serait soustrait à l'arbitraire des parents et à la pression de beaucoup de personnes, auxquelles il doit maintenant céder au grand détriment de l'enseignement, s'il ne veut qu'elles lui suscitent, à son propre désavantage, de grandes difficultés. Nous osons donc soumettre en pleine confiance, la question de l'enseignement gratuit universel à l'étude de nos législateurs.

Un autre puissant moyen de répandre l'instruction, c'est le relèvement de l'esprit populaire. Qu'on prêche au peuple combien l'instruction lui est utile, avantageuse et nécessaire ; comme avec elle toutes les classes prospèrent et deviennent plus heureuses ; comme chacun est mis par elle en état de gagner plus aisément sa propre subsistance et celle d'une famille chérie ; comme l'artisan instruit gagne sa vie souvent avec peu de peines et dans un temps relativement court, tandis que l'ignorant s'atténue pendant tout le jour, comme une stupide bête de somme, pour s'assurer la croûte de pain pour le lendemain. C'est avec bonheur que nous voyons de tout côté mettre tout en œuvre pour faire comprendre à l'ouvrier l'utilité de l'instruction. Nous avons salué avec joie l'institution des *conférences populaires* qui, jointes à un enseignement puissant, sont appelées à réformer en peu d'années l'état social actuel. Nous nous sommes réjouis de l'ouverture des *bibliothèques populaires*, où l'ouvrier instruit peut trouver un trésor de connaissances, qu'il communiquera sans doute par ci et par là, oralement, à ses compagnons ignorants. Ces derniers pourront ainsi apprendre ce qu'ils ont perdu à n'avoir pas été enseignés et bien certainement ils ne voudront pas priver leurs enfants d'un bienfait dont ils regrettent de n'avoir pas eux-mêmes joui. Ce n'est pas avec moins de plaisir que nous voyons les *sociétés agricoles* fleurir et s'étendre sans cesse. Les conférences qu'on y donne sur l'horticulture et l'agriculture font comprendre au laboureur de quelle utilité lui sont les sciences naturelles, la chimie, l'économie rurale et mille autres connaissances. C'est ainsi que nous voyons déraciner et détruire les profonds préjugés des siècles antérieurs ; c'est ainsi que nous voyons le laboureur trop longtemps méconnu, de *serf* qu'il était, devenir *citoyen* et acquérir le rang auquel son travail utile lui donne droit dans la société.

Oh ! il y a de nos jours beaucoup de nobles esprits qui travaillent dans l'intérêt de la cause populaire : pourquoi donc nous désespérer? Non, nous réussirons dans nos tentatives et nous pourrons bientôt constater avec fierté que tous les Belges savent lire et écrire, que chacun d'eux comprend son devoir et que tous contribuent pour leur part à rendre notre pays heureux et glorieux par-dessus les autres. Déjà approche le jour où chacun sera fier de son nom de Belge, de même que l'habitant des États-Unis de l'Amérique est fier d'appartenir à un pays où règne la liberté, où la vie intellectuelle est prisée par-dessus tout, où le peuple a de la dignité et de l'honneur, et, guidé par ce double sentiment, respecte et accomplit toujours son devoir d'homme comme la plus haute des lois. Oui, notre peuple sentira aussi sa dignité. Qu'on lui donne seulement l'occasion de s'instruire convenablement, et il fera bientôt valoir ses forces ; il s'avancera dans l'art et dans l'industrie et luttera sans crainte avec les nations les plus éclairées du monde.

Les écoles d'adultes ne démontrent-elles pas clairement, là où elles sont bien organisées, que notre peuple n'a pas dégénéré, qu'il ne craint point l'étude, mais qu'il va, au contraire, avec passion au-devant des aliments de l'esprit ? La ville de Gand ouvre une école du dimanche pour les filles âgées de plus de quatorze ans ; le second dimanche on compte 450 élèves, et non pas seulement de jeunes filles, mais aussi des femmes mariées, parmi lesquelles il en est de quarante ans. La commune de Schaerbeek ouvre une école du soir pour les jeunes gens des deux sexes ; cette école est bientôt fréquentée par plus de deux cents élèves. A Anvers les écoles pour adultes, quoique bien fréquentées, ne voient pas accourir un aussi grand nombre de personnes, mais par contre les autres institutions publiques et gratuites y fleurissent davantage. L'Académie de dessin compte chaque année plus de mille élèves ; à l'École Industrielle, qui n'existe que depuis deux ans et qui n'a que des ressources très-restreintes, les cours sont suivis régulièrement par deux cent

cinquante élèves. Les conférences populaires qui ne datent que de
cet hiver, sont suivies, chaque semaine, par plusieurs centaines
d'auditeurs. Les Écoles Industrielles de Gand et de Verviers fleurissent surtout ; d'autres comme celles de Liége, de Huy, de
Seraing, de Soignies, etc., produisent toutes un excellent résultat.
Ce sont principalement les écoles de dessin et d'apprentissage qui
sont beaucoup fréquentées dans tout le pays. Tout cela prouve
combien le peuple belge apprécie déjà la valeur de l'instruction.
A nous maintenant à entretenir ce désir d'instruction et à l'éveiller
de plus en plus ! A toutes les personnes d'influence, à donner au
peuple plus d'occasions encore pour apprendre, à lui procurer de
meilleures leçons, à l'exhorter sans cesse à suivre la voie où
tant d'entre eux sont déjà entrés.

Nous espérons que le gouvernement ne négligera rien pour encou-
rager partout ce double désir d'enseigner et de recevoir l'instruction.
Nous espérons qu'il contribuera à *établir dans toutes les communes
du pays des écoles d'adultes, tant pour les filles que pour les garçons,*
— des écoles où l'enseignement primaire sera développé et où
chacun pourra acquérir des connaissances utiles pour sa vie et sa
profession particulières. Alors du moins on ne pourrait plus dire
que l'instruction primaire est insuffisante. Ou penserait-on peut-
être qu'elle deviendrait dangereuse par sa trop grande extension ?
Que chacun voudrait quitter son état et gagner sa vie avec la
plume ? Ceci n'est pas à craindre en généralisant l'instruction.
Non, quand tous seront bien enseignés, les parents ne pourront
plus avoir la malheureuse idée que leur fils est destiné à de
grandes choses, quand il sait à l'école un peu plus que les
autres. D'ailleurs on n'a qu'à diriger vers le travail l'instruction
de l'ouvrier, on n'a qu'à lui montrer comme chaque état est utile
et nécessaire, comme chaque profession peut procurer l'aisance
et le bonheur, et on n'aura nullement à déplorer le délaissement
de certaines professions. Chacun acquerra des connaissances
d'après sa position sociale ; cela ne dépendra que du programme
qu'on adopte dans les écoles populaires.

Si l'on veut ajouter à cet encouragement moral et à cette excitation de l'esprit un mobile plus puissant encore, qu'on favorise l'homme instruit autant que la loi le permet, et qu'on enlève à l'ignorant tous les droits et tous les titres qu'on peut lui ôter sans blesser sa dignité d'homme.

C'est ainsi qu'aux États-Unis de l'Amérique du Nord le droit d'électeur s'étend à tous ceux qui savent lire et écrire, et que celui qui ne possède pas ces capacités n'est pas électeur, quelle que soit sa contribution au trésor de l'État. C'est là une mesure à laquelle nous ne pouvons qu'applaudir. Car ce n'est pas, en effet, aux richesses qu'on peut mesurer l'intelligence et la connaissance sur les intérêts du peuple, et de la manière dont le droit électoral est réglé dans notre pays, beaucoup d'intelligences d'élite sont privées du droit de vote. Combien de personnes n'y a-t-il pas qui possèdent un diplôme de capacité et qui ne sont pourtant pas électeurs, parce qu'ils ne paient pas une contribution de vingt florins ? Et ces hommes qui, en général, connaissent infiniment mieux les intérêts du pays que maint cultivateur, épicier ou cabaretier sans instruction mais payant le cens électoral requis, n'auraient-ils donc à s'occuper en rien de la manière dont le pays est gouverné ? Le bien-être du peuple leur tient-il moins à cœur parce qu'ils ne sont ni propriétaires ni commerçants ? Le droit personnel, la liberté individuelle, celle de la parole, de la conscience et de l'enseignement, leur sont-ils moins chers parce qu'ils ne travaillent au bien-être matériel que par leur esprit seul ? Non, ce sont eux surtout qui vivent par le peuple, avec lui et en lui. Ce sont eux surtout qui en connaissent les intérêts et qui savent quels sont les hommes capables de les défendre ; personne n'est donc mieux à même qu'eux d'exercer en conscience et avec discernement le droit d'électeur.

Il serait donc aussi profitable à l'État qu'à l'enseignement de réformer nos lois électorales dans le sens de celles de l'Amérique du Nord et de donner ainsi aux savants la part qui leur revient dans le gouvernement.

En Suède tous les jeunes gens ignorants sont astreints au service militaire et là on les envoie à l'école pour leur faire acquérir l'instruction qu'ils ont négligée dans leur jeunesse. Certes il y a bien des observations sérieuses à faire relativement à cette mesure, tant au point de vue de l'égalité de tous les citoyens qu'à celui de l'honneur militaire. Il serait plus pratique d'envoyer plus tôt en congé les miliciens instruits, et de retenir les autres au service, jusqu'à ce qu'ils aient appris, dans les écoles régimentaires, à lire et à écrire convenablement.

En Autriche et en Danemarck il faut avoir un certain degré d'instruction pour pouvoir contracter mariage. Nous avons appris que cette mesure produit d'excellents résultats et que la moralité, pour laquelle on s'effrayerait aisément, est dans ces pays notablement meilleure qu'ici. Nous voyons dans cette mesure *un* grand avantage. Toutes les autres dispositions n'ont presque exclusivement d'influence que sur l'instruction des garçons ; celle-ci concerne les deux sexes et elle est peut-être le plus puissant moyen d'amélioration pour l'éducation des femmes et par conséquent pour l'avenir du pays.

A ces mesures qui sont déjà appliquées ailleurs, nous nous permettrons d'en ajouter encore une, à savoir : que nulle personne qui ne sait ni lire ni écrire ne puisse être tuteur ni témoin pour des actes légaux, et qu'elle ne soit admise à n'importe quel emploi public. Cette disposition mettrait beaucoup de gens dans le cas de rougir de leur ignorance, et les exciterait ainsi à ne pas jeter leurs enfants dans les mêmes inconvénients.

Enfin, comme dernier encouragement pour les classes inférieures, on peut s'en prendre à la charité publique. Ceux qui envoient régulièrement leurs enfants à l'école reçoivent une plus grande part de subside hebdomadaire ou mensuel. Cette mesure est déjà mise à exécution à Anvers et elle y produit les effets les plus salutaires. Dans la cinquième section, à St-Willebrord, on ne trouvait en été 1864, sur une population de 20,000 âmes, que cinq familles indigentes , dont les enfants ne fréquentaient pas l'école. Nous croyons pouvoir assurer que le résultat n'est pas moins favorable dans les autres sections de la ville. Pourtant les familles nécessiteuses sont secourues dans tous les cas ; il serait d'ailleurs barbare de laisser une famille périr de misère, parce que les parents ne s'acquittent pas de leurs devoirs. Un traitement amical est sans doute le meilleur moyen de les ramener à une meilleure conduite.

Et afin que les parents ne soient pas forcés de garder leurs enfants plus âgés à la maison pour y surveiller les plus petits, qu'on érige partout de bonnes salles d'asile ou des jardins d'enfants *(kindertuinen)* où ces petits êtres soient bien gardés et soignés, où ils soient occupés de jeux agréables et utiles sous la direction de bonnes institutrices, et se préparent ainsi à l'enseignement primaire. Pour retirer de ces institutions toute l'utilité possible, il faut qu'on fonde de nouvelles écoles normales pour les filles, où l'on donne surtout l'instruction au point de vue de la première éducation des jeunes enfants, du développement des premières forces de l'âme et de la formation première du cœur, du caractère et de la volonté. Nous sommes d'avis que là git le principe d'une amélioration incroyable des classes populaires et d'une source inépuisable de bien-être.

Qu'à toutes ces mesures on ajoute encore la réglementation du travail, telle qu'elle existe en Allemagne et en Angleterre, et l'on peut être assuré que l'instruction sera pour ainsi dire universelle. En effet, si l'on défendait à tout industriel, fabricant ou maître d'atelier, d'employer des enfants qui ne seraient pas encore instruits, ou si on ne leur permettait de les accepter qu'à condition de les envoyer journellement à l'école, que feraient alors les parents de leurs enfants ? Ils ne les laisseraient pas courir la rue pendant toute la journée, la police saurait bientôt les en empêcher. Quant au salaire que ces enfants pourraient gagner en travaillant, nous sommes d'avis que le temps de travailler et de gagner de l'argent ne vient qu'après le temps d'aller à l'école, et que les pères et les enfants plus âgés doivent pouvoir gagner assez pour l'entretien de la famille, sinon il est d'urgence d'augmenter le salaire des ouvriers.

Oh! nous sommes persuadés que, si chaque homme bien pensant voulait faire valoir son influence, l'enseignement populaire serait bientôt dans un état bien plus prospère.

Amis de l'humanité, en avant et avec courage : le triomphe de la bonne cause nous attend !

Vous surtout, ministres du Seigneur, vous qui exercez une si puissante action sur les esprits, montrez à chacun combien le développement intellectuel est nécessaire à celui qui veut mériter le titre d'homme ! La soumission servile n'est-elle pas, en effet, trop peu digne d'un être raisonnable, de celui que vous vous plaisez à nommer le roi de la création? Les enfants du Dieu *parfait* ne doivent-ils pas tendre vers la *perfection*? Et la perfection est-elle bien imaginable sans le développement de l'*intelligence*, le don le plus noble que nous a fait le Créateur l'*Intelligence suprême*? Une obéissance aveugle, dépourvue de conviction, n'est-elle pas sans mérite, n'est-elle pas indigne de l'humanité? Travaillez donc à propager la lumière. — « On n'allume pas la lampe pour la mettre sous le boisseau, mais on la place sur le chandelier pour que tous ceux qui entrent voient la lumière! » — a dit le divin Docteur. Suivez son courageux exemple et vous serez estimés et respectés comme ses vrais serviteurs.

Et vous, administrateurs dont on écoute si volontiers les conseils, contribuez de votre part au développement du cœur et de l'esprit de vos administrés.

Vous, grands industriels et fabricants, qui employez journellement des centaines d'ouvriers, faites leur comprendre quelle utilité leurs enfants retireraient de l'instruction ; encouragez-les, exhortez-les, au besoin forcez-les moralement. Votre puissance est grande ; mettez-la au service du bien.

Vous , représentants de la nation , auxquels le peuple a confié son bien-être , son bonheur et sa vie , et qui disposez de l'avenir de la patrie , considérez votre pouvoir et appliquez-vous à réformer et à ennoblir les hommes. Maniez le puissant levier de l'enseignement et déplacez l'axe du monde : le vil désir de l'argent et la jouissance brutale, qui sont encore le pivot de presque toutes les actions. Jetez des fondements solides pour y bâtir l'édifice de l'avenir, luttez courageusement pour avancer la civilisation générale qui se montre et nous sourit dans le lointain.

Et vous, enfin, savants qui tous les jours retirez tant de jouissances et tant d'avantages de l'instruction acquise, faites servir votre parole et votre plume à convaincre chacun et à lui faire comprendre que de l'instruction primaire dépend le bonheur du peuple et celui de l'avenir.

Unissons-nous tous et luttons, en infatigables frères d'armes, serrés dans une ligue étroite, pour le progrès et l'avancement de tous ! Combattons sans cesse, à la tête d'une phalange nombreuse, pour tout ce qui est vrai, noble et bon, et le vrai, le bon et le beau triompheront bientôt du mensonge et du mal [1].

---

[1] Nous nous estimons heureux d'avoir trouvé un appui de nos convictions dans l'*École* de M. JULES SIMON, cet ouvrage éminemment utile, auquel nous renvoyons tous ceux, qui veulent faire une étude approfondie des grandes questions de l'enseignement primaire, à savoir : *l'instruction obligatoire, l'enseignement gratuit et l'éducation des filles.*

Pour les statistiques concernant l'enseignement primaire en Belgique pendant la période de notre indépendance (1830-1864) nous renvoyons au livre : *De l'instruction primaire en Belgique*, par LÉON LEBON. (Bruxelles et Gand, C. Muquardt).

Original en couleur

NF Z 43-120-8

BIBLIOTHÈQUE
NATIONALE

CHÂTEAU
de
SABLÉ
1991

www.ingramcontent.com/pod-product-compliance
Lightning Source LLC
LaVergne TN
LVHW020551060726
842525LV00004B/1389